MW00783308

总 策 划 ：许　琳

总 监 制 ：夏建辉　王君校

监　　制 ：韩　晖　张彤辉　顾　蕾　刘根芹

主　　编 ：吴中伟

编　　者 ：吴中伟　吴叔平　高顺全　吴金利

修　　订 ：耿　直

顾　　问 ：陶黎铭　陈光磊

Dāngdài Zhōngwén

当代中文
修订版

Contemporary Chinese
Revised Edition

Liànxícè

练习册
3
EXERCISE BOOK
Volume Three

主　编：吴中伟

编　者：吴中伟　吴叔平

　　　　高顺全　吴金利

翻　译：Christina P. Chen

　　　　Catharine Y. Chen

译文审校：Jerry Schmidt

SinolinguA
华语教学出版社

First Edition 2003

Revised Edition 2015

Third Printing 2018

All rights reserved. No part of this book may be reproduced, stored in a retrieval system, or transmitted in any form or by any means without permission in writing from the publisher.

ISBN 978-7-5138-0736-4

Copyright 2015 by Confucius Institute Headquarters (Hanban)

Published by Sinolingua Co., Ltd

24 Baiwanzhuang Road, Beijing 100037, China

Tel: (86)10-68320585, 68997826

Fax: (86)10-68997826, 68326333

http://www.sinolingua.com.cn

E-mail: hyjx@sinolingua.com.cn

Facebook: www.facebook.com/sinolingua

Printed by Beijing Jinghua Hucais Printing Co., Ltd

Printed in the People's Republic of China

Unit 1

Yí Piàn Hóngyè
一片红叶
A Red Leaf

 练习一

1. 朗读下列词语。
Read aloud the following words and phrases.

从来不喝酒	从来不生气	从来没去过	从来没听说过
唯一的朋友	唯一的办法	唯一的礼物	唯一的一次
像一颗心	像一张地图	像宾馆	不像男人
说笑话	听笑话	笑话别人	怕别人笑话
舍不得吃	舍不得穿	舍不得离开	舍不得孩子
看上去很美	看上去很厉害	看上去不错	看上去像一只猫

2. 替换对话。
Substitution drills.

zàng (dirty)

（1）A：对不起，把你的新衣服弄脏了。

　　　B：没关系。

你借给我的雨伞	丢
你的电脑	坏
你的照片	破

（2）A：世界上一共有多少个国家？

B：这个问题可真把我问住了。

世界上	种	语言
这个城市	家	医院
你们学校	位	老师

（3）A：听说田中病了。

B：难怪她这两天没来上课。

要回国	这么忙
有男朋友	很晚才回来
找到工作	这么高兴

 练习二

1. 辨字组词。

Form words or phrases by using the following characters.

（1）摘 ＿＿＿＿＿＿＿　　（2）捧 ＿＿＿＿＿＿＿

（3）打 ＿＿＿＿＿＿＿　　（4）换 ＿＿＿＿＿＿＿

（5）推 ＿＿＿＿＿＿＿　　（6）拍 ＿＿＿＿＿＿＿

（7）接 ＿＿＿＿＿＿＿　　（8）撞 ＿＿＿＿＿＿＿

2. 写出下面词语的反义词。

Write the antonyms of the words below.

（1）好 ＿难＿＿＿＿　　（2）好看 ＿难看＿＿＿＿

（3）好听 ＿难＿＿＿＿　　（4）好吃 ＿难＿＿＿＿

（5）好学 ＿难＿＿＿＿　　（6）好办 ＿＿＿＿＿＿

3. 选词填空。

Choose the correct word to fill in the blanks.

　　　　能　　会

（1）你放心，我不 ___会___ 把你的红叶弄脏的。

（2）你别这么说，这么说她 ___会___ 生气的。

（3）我 ___会能___ 问你一个问题吗？

（4）他家的电话号码？对不起，我不 ___能会___ 告诉你。

（5）陈静今天感冒了，不 ___能___ 来上课了。

（6）已经 9 点半了，看来陈静今天不 ___会___ 来上课了。

4. 给括号里的词选择一个合适的位置。

Choose the correct place in each sentence for the given words.

（1）请 A 你 B 的地址、C 姓名 D 写在这里。（把）

（2）对不起，A 我刚才不 B 小心 C 你的书 D 弄脏了。（把）

（3）你放心，A 我 B 不会把 C 这件事告诉 D 老板的。（是）

（4）说实话，A 我 B 以前 C 没见过 D 这么小气的人。（从来）

（5）今天 A 是陈静的生日，她那个小气的男朋友 B 送了 C 一片红叶 D 给她。（只）

5. 组词成句。

Make a sentence by placing the given words in the correct order.

例：一共　　学生　　有　　我们班　　20 个

　　→我们班一共有 20 个学生。

（1）去过　　一共　　我　　国家　　10 个

（2）一共　　生词　　800个　　我　　学过

（3）从来　　把　　他　　朋友　　当　　我　　不

（4）唯一　　的　　陈静　　朋友　　是　　我　　中国

（5）看上去　　下雨　　不会　　可能　　今天

6. 用"是……的"改写下面的句子。

Rephrase these sentences using the 是 … 的 pattern.

例：地址不能写错。→地址是不能写错的。

狗很聪明。→狗是很聪明的。

（1）我不怕她们笑话。

（2）这么大的事情，我不会忘。

（3）我觉得这种东西不能当作生日礼物送人。

（4）总统很忙。

（5）北京的夏天很热。

（6）我从来不喝咖啡。

7. 用所给的词填空。

Fill in the blanks with the given words.

觉得　住　唯一　好看　下来　书签　只　把　像　象征

陈静是我在中国__1__的女性朋友。她很喜欢加拿大的枫叶。陈静说，枫

叶是加拿大的 __2__，所以中国人 __3__ 加拿大称为枫叶之国。我 __4__ 这个词很有意思，就把它写了 __5__ 。陈静还告诉我，北京的香山红叶也很 __6__ ，有人用它当 __7__ 。不过这种红叶和加拿大的枫叶不一样，香山红叶有点圆， __8__ 一颗心；加拿大的枫叶有很多角。陈静问我加拿大国旗上的枫叶有几个角，这个问题把我问住了，我有点不好意思。不过，我还是很开心，因为我问陈静中国的国花是什么，这个问题也把她难 __9__ 了。她想了很长时间才说，中国的国花还没有确定，有好几种花的呼声很高，她 __10__ 知道一种：牡丹（mǔdān, peony）。

8. 用括号里的词或句式把下面的句子翻译成中文。

Translate the following sentences into Chinese with the words and patterns included in the brackets.

（1）She doesn't look like a teacher.（像）

（2）I feel that love is more important than money.（觉得）

（3）Chen Jing is ill. No wonder she hasn't come to class today.（难怪）

（4）My air-conditioner is broken. Can you repair it?（把）

（5）I certainly wouldn't like this kind of stingy person.（是……的）

（6）He has never treated me like his friend.（把……当……）

1. 听力理解。

Listening comprehension.

根据听到的内容，选择正确的答案。

Listen to the conversations, then choose the correct answer to each question.

对话

（1）张小美今天怎么啦？

　　A. 很高兴　　　　　B. 很生气　　　　　C. 很感动

（2）张小美的男朋友是谁？

　　A. 江山　　　　　　B. 马力　　　　　　C. 杰克

（3）今天是谁的生日？

　　A. 陈静　　　　　　B. 张小美　　　　　C. 杰克

（4）张小美觉得杰克怎么样？

　　A. 很小气　　　　　B. 很好　　　　　　C. 很有钱

（5）杰克为什么送枫叶给张小美？

　　A. 中国没有枫叶

　　B. 张小美喜欢枫叶

　　C. 杰克想用红叶表达爱情

短文

（1）小王的家在哪里？

　　A. 市区　　　　　　B. 郊区　　　　　　C. 农村

（2）关于小王，下面哪种说法是错误的？

      A. 特别爱钱

      B. 从来不去饭店大吃大喝

      C. 舍不得扔旧东西

（3）小王和女朋友认识多长时间了？

      A. 一年   B. 两年   C. 一年多

（4）为什么有人说小王太小气？

      A. 他从来不去饭店吃饭

      B. 他不花钱买东西送女朋友

      C. 他舍不得扔旧东西

（5）下面哪一个不是小王的意思？

      A. 他没有钱，但是他有爱心。

      B. 爱情不是用钱能表达的。

      C. 有了爱情就有了钱。

2. 口语表达。

Oral practice.

（1）互相问答。你们国家的国花是什么？你住的城市有"市花"吗？

Ask and answer the following questions with your classmates. What is your country's national flower? Is there a municipal flower in the city where you live?

（2）讨论：你觉得爱情能用钱表达吗？

Discuss: Talk about measuring love with money.

3. 阅读理解。
Reading comprehension.

"红豆（dòu）生南国，春来发几枝（zhī）？愿（yuàn）君（jūn）多采（cǎi）撷（xié），此（cǐ）物最相思。"这是中国唐代著名的大诗人王维写的一首诗。意思是：红豆生长在南方，春天的时候才开始生长。因为它最能表达相思之情，所以我希望你多采一些，送给你的朋友。

红豆是中国南方的一种树——红豆树的种子。因为它是鲜红色的，所以叫红豆。红豆在中国古代文化中象征着相思，所以红豆也叫相思豆，红豆树也叫相思树。很多人喜欢用红豆表达对朋友、恋人的感情。

补充词语：

Supplementary words:

（1）	红豆	hóngdòu	red bean; love pea
（2）	诗	shī	poem
（3）	相思	xiāngsī	lovesickness; yearning between lovers
（4）	希望	xīwàng	hope, wish; to expect
（5）	采	cǎi	to pick, to pluck
（6）	种子	zhǒngzi	seed
（7）	古代	gǔdài	ancient times; antiquity
（8）	文化	wénhuà	culture
（9）	恋人	liànrén	lover
（10）	感情	gǎnqíng	feelings, emotion

根据短文内容，判断下面的说法是否正确。

Decide whether these statements are true or false according to the passage above.

（1）南国是中国南方的一个国家。 （　　　）

（2）红豆叫相思豆，是因为它是相思树的种子。 （　　　）

（3）红豆树的树叶也是鲜红色的。 （　　　）

（4）可以把红豆当作生日礼物送给父母。 （　　　）

（5）中国的北方没有红豆树。 （　　　）

4. 写作。

Writing exercise.

写一段话，介绍一种你的国家最有名的东西。

Write a paragraph introducing something for which your country is famous.

Paper Cutting

Paper cutting is a type of traditional folk art in China employing simple tools such as scissors and colored paper. Paper cutting is simple, and you can cut based on patterns or of your own volition. It is quite fun to cut paper because it can not only be used to decorate your room but also be given to your friends as a gift.

Make the following paper cutout with the help of your teacher or the online textbook.

Unit 2

Huāxīn Luóbo
花心萝卜
Radish with a Fancy Core

 练习一

1. 朗读下列词语。
Read aloud the following words and phrases.

小孩儿	小男孩儿	小女孩儿	小朋友
亲戚	朋友	同事	同学
你面前	我面前	孩子面前	老师面前
高兴的样子	生气的样子	担心的样子	糊里糊涂的样子
本来不知道	本来不想去	本来就知道	本来就要去
跟你有关	跟这件事有关	跟汉语有关	跟学习有关

2. 替换对话。
Substitution drills.

（1）A：今天晚上有<u>时间</u>吗？我想请你去看京剧。

　　 B：<u>对不起</u>，我已经有一个约会了。

空儿	不行啊
事儿	不好意思
安排	真不巧

（2）A：我喜欢<u>热闹</u>，哪儿<u>人多</u>我去哪儿。

B：是吗？

安静	人少
玩	好玩儿
喝咖啡	有咖啡馆

（3）A：对了，我什么时候去你那儿

<u>把那本书还你</u>？

B：什么时候都可以，不<u>还</u>也没关系。

A：那怎么行？

把雨伞还你	还
把照片给你	给
把空调给你修好	修

练习二

1. 反义词连线。

Draw lines between the antonyms from these two columns of words.

（1）干净　　　　　　a 轻

（2）高　　　　　　　b 瘦

（3）重　　　　　　　c 小

（4）胖　　　　　　　d 低

（5）大　　　　　　　e 脏

（6）聪明　　　　　　f 短

（7）白　　　　　　　g 笨

（8）好　　　　　　　h 容易

（9）难　　　　　　　i 坏

（10）长　　　　　　　j 黑

2. 选词填空。

Choose the correct word to fill in the blanks.

　以后　将来

（1）这孩子，<u>以后</u>长大了肯定能当老板。

（2）二十年<s>将来</s><u>以后</u>的事儿，谁也说不清楚。

（3）等<s>将来</s>有钱了，我最想做的事情就是去旅行。

（4）明天上午下课<u>以后</u>，咱们一起去喝杯咖啡。

3. 给括号里的词选择一个合适的位置。

Choose the correct place in each sentence for the given words.

（1）里奇 A 今天 B 打算 C 去北京旅行 D。（本来）

（2）今天 A 是我侄儿 B 一周岁生日 C，我不能跟你去看京剧 D。（的）

（3）A 你当了老板 B，C 可别 D 把我们忘了。（将来）

（4）A 那个出租车司机没想到 B 我 C 会 D 说汉语。（竟然）

（5）A 参加了陈静侄儿的生日晚会以后，B 我 C 明白什么 D 是抓周。
（才）

4. 组词成句。

Make a sentence by placing the given words in the correct order.

　例：什么　你们　都　来　可以　时候

　　→你们什么时候来都可以

　　什么　你　就　吃　爱　吃　什么

　　→你爱吃什么就吃什么

（1）什么　你们　都　去　可以　时候

（2）谁　你们　都　可以　去

（3）她们　也　不　谁　相信　会　我

（4）你　去　什么　时候　想　就　去　时候　什么

（5）去　哪儿　你　就　想　哪儿　去

（6）你　打电话　给　谁　就　想　谁　给　打电话

5. 用所给的词填空。

Fill in the blanks with the given words.

表演　本来　聪明　竟然　夸　将来　主角

今天是星期天，我＿1＿想去香山看红叶。可是早上8点钟，陈静打电话告诉我，她弄到了两张京剧票，想请我去看一场特别的京剧——演员都是孩子。我觉得孩子＿2＿的京剧肯定很有意思，就和徐静一起去了。

陈静介绍说，今天的＿3＿都是香山京剧学校的学生，最小的只有6岁。这些孩子又＿4＿又活泼，学习很认真，今天是他们第一次表演。

9点半，表演开始了。我听到很多人＿5＿小演员们表演得好，说他们现在还小，＿6＿一定会表演得更好。我有点不好意思，因为我虽然已经学了半年汉语，可是＿7＿没听懂他们唱什么。

6. 用括号里的词或句式把下面的句子翻译成中文。

Translate the following sentences into Chinese with the words and patterns included in the brackets.

（1）No one knows when it happened.（谁）

（2）No one ever expected that the child would finally grab the lipstick.（竟然）

（3）No one can speak clearly about future events.（将来）

（4）You just place the toys in front of the child, and he picks whatever he likes.（……什么……什么）

（5）I originally didn't know anything about this matter. It was Chen Jing who told me about it.（本来）

练习三

1. 听力理解。

Listening comprehension.

根据听到的内容，选择正确的答案。

Listen to the conversations, then choose the correct answer to each question.

对话

（1）女的开始说喜欢什么样的地方？

A. 热闹的地方　　　　B. 安静的地方　　　　C. 漂亮的地方

（2）女的为什么哪儿都不想去了?

    A. 她有点累   B. 她有点生气   C. 她想在家里听笑话

（3）女的觉得男的怎么样?

    A. 真的很好

    B. 没有自己的想法

    C. 常常不听她的话

（4）女的觉得什么没意思?

    A. 听笑话   B. 出去玩儿   C. 男的太听她的话

（5）这两个人可能是什么关系?

    A. 男朋友和女朋友   B. 同学   C. 朋友

短文

（1）"这孩子看上去很聪明"是第几位客人说的?

    A. 第一位   B. 第二位

    C. 第三位   D. 第四位

（2）"这孩子长得又白又胖"是第几位客人说的?

    A. 第一位   B. 第二位

    C. 第三位   D. 第四位

（3）"这孩子长得真可爱"是第几位客人说的?

    A. 第一位   B. 第二位

    C. 第三位   D. 第四位

（4）孩子的爸爸妈妈把哪一位客人打了一顿?

    A. 第一位   B. 第二位

    C. 第三位   D. 第四位

（5）孩子的爸爸妈妈为什么打那位客人？

    A. 因为他没送礼物   B. 因为他送的礼物太少

    C. 因为他说了真话   D. 因为他不会说话

2. 口语表达。
Oral practice.

（1）和你的同学练习表达邀请或者谢绝邀请。

Practice offering and declining invitations with your classmates.

（2）讨论：关于送红包。

Talk about the giving of red envelopes.

3. 阅读理解。
Reading comprehension.

　　中国人有一个习惯：一个人有了喜事，特别是结婚（jiéhūn）、生孩子和重要的生日，一定要请亲戚、朋友、同事（tóngshì）吃一顿，收到请帖（qǐngtiě）的人都要拿着红包去祝贺。红包里面装多少钱，要看两个人的关系怎么样。如果关系很好，两个人是很要好的朋友，红包里面的钱就比较多；如果两个人只是普通的同事或朋友，红包里面的钱就不会太多，可是也不能太少。虽然中国有一句俗话，"千里送鹅毛，礼轻情义重"，但是如果太少的话，主人可能会觉得你这个人太小气，或者是不够朋友；送礼的人自己也会觉得不好意思。

　　现在很多人怕收到请帖，因为收到请帖以后，就得花钱。人可以不去，但是红包是一定要送去的。很多人想，那就去吧，去吃一顿高价饭。

补充词语：

Supplementary words:

（1）习惯　xíguàn　habit; common practice

（2）同事　tóngshì　colleague

（3）要好　yàohǎo　be friendly; be on good terms

（4）请帖　qǐngtiě　invitation card

（5）俗话　súhuà　common saying; proverb

（6）鹅毛　émáo　goose feather

（7）高价　gāojià　high-priced, expensive

根据短文的内容，判断下面的说法是否正确。

Decide whether these statements are true or false according to the passage above.

（1）没有收到请帖的人可以不去，也可以不送红包。　　　（　　）

（2）收到请帖的人一定要去吃一顿。　　　（　　）

（3）亲戚送的红包里面的钱比朋友送的多。　　　（　　）

（4）很多人怕收到请帖是因为没有时间去吃高价饭。　　　（　　）

（5）"不够朋友"的意思是朋友太少。　　　（　　）

4. 写作。

Writing exercise.

写一段话，介绍你的国家跟孩子有关的一种习俗。

Write a paragraph introducing a custom of your country that is associated with

children.

 练习四

Making a Birthday Card

Greeting cards can serve as a birthday gift to your friend. You can make a nice card only with card paper, a pair of scissors and colored pens. You can draw a lovely picture and write down what you want to say to them. Making a card for your friend on their birthday as opposed to buying one is a unique and thoughtful gift.

Make a beautiful Chinese birthday card with the help of your teacher or the online textbook.

Unit 3

Zhōngshì Yīngyǔ
中式英语
Chinglish

 练习一

1. 朗读下列词语。
Read aloud the following words and phrases.

帮个忙	帮我一个忙	帮帮忙	不想帮忙
好习惯	坏习惯	习惯了	养成习惯
基本可以	基本习惯了	基本没听懂	基本不堵车
很地道	不地道	地道的中国菜	地道的北京话
中学毕业	毕业三年了	大学还没毕业	林肯大学毕业的
正常情况	正常人	天气不正常	正常工作

2. 替换对话。
Substitution drills.

（1）A：明天我给你介绍一个"老外"，
　　　你可以跟他练习口语。

　　 B：我连"你好"都不会说，
　　　怎么跟他对话？

我的名字	说不流利
一句外语	说不好
一句地道的英语	听不懂

（2）A：要我帮你什么忙？

    B：是这样的，我有一个<u>朋友</u>，

        想找一个美国人<u>互相学习</u>。

同学	练习英语
亲戚	当家庭教师
同事	练习口语

（3）A：<u>北京</u>有很多<u>好玩的地方</u>吧？

    B：那当然。<u>北京</u>是有名的旅游城市，

        <u>好玩的地方</u>多着呢。

维多利亚	漂亮的地方
上海	好吃的东西
纽约	热闹的地方

练习二

1. 在横线上填写恰当的名词。

Fill in the blanks with the appropriate nouns.

（1）简单的 _____

（2）唯一的 _____

（3）奇怪的 _____

（4）重要的 _____

（5）地道的 _____

（6）小气的 _____

2. 选词填空。

Choose the correct word to fill in the blanks.

说不定　　不一定

（1）学汉语<u>不一定</u>要到中国，在美国也可以学得很好。

（2）明天 说不定 会下雨。

（3）说不定 他们现在已经到了。

（4）明天你们先走，不要等我，我 说不定 不会去。

可能　　也许

（1）她_____不会来了。

（2）她不_____知道这件事。

（3）一岁的孩子怎么 可能 明白抓周的意思呢？

（4）这种事很有 可能 发生。

3. 给括号里的词选择一个合适的位置。

Choose the correct place in each sentence for the given words.

（1）你 A 别 B 在家里 C 看书，D 应该出去逛逛。（总是）

（2）白小红的移民 A 申请 B 不会 C 很快被批准 D。（也许）

（3）A 白小红 B 明年就 C 变成加拿大人了 D。（说不定）

（4）A 很多加拿大人的祖先都 B 是 C 从世界各地 D 移民过来的。（其实）

（5）A 那家中国饭店的菜 B 很好吃，C 很便宜 D。（而且）

4. 组词成句。

Make a sentence by placing the given words in the correct order.

（1）这个问题　简单　原因　很　其实　的

（2）我　学　以前　日语　是　的

（3）很多　人　从　亚洲　过来　移民　是　的

（4）你　别人　写的字　看　就　清楚　行了　能

（5）我　把　那个包　请　你　下来　想　拿

5. 用括号里的句式改写句子。

Rephrase these sentences using the given patterns.

例：白小红学习的时候听音乐。（一边……一边……）

→白小红一边学习，一边听音乐。

（1）江山吃饭的时候看电视。（一边……一边……）

（2）他会说英语和法语。（既……又……）

（3）陈静的侄儿很活泼，而且很聪明。（又……又……）

（4）夏天快来了，天气一天比一天热。（越来越……）

（5）她不知道她侄儿叫什么名字。（连……都……）

6. 用所给的词填空。

Fill in the blanks with the given words.

觉得　帮忙　提出　正常　其实　基本　过不去　标准

白小红打算移民，她已经__1__了移民申请。可是她__2__自己的英语发音不地道，所以请我__3__。我自己的英语也不是__4__的美国英语，没办法帮她，要帮忙的话也是越帮越忙。我觉得有点口音没关系，只要你说的话别人__5__上能听懂就行了。我的普通话不标准，中国人听了一点也不觉得奇怪；

要是我说一口标准的普通话，说不定他们还觉得不__6__呢。__7__，白小红的英语说得又流利又好听，我觉得她是在跟自己__8__。

7. 用括号里的句式把下面的句子翻译成中文。

Translate the following sentences into Chinese with the patterns included in the brackets.

（1）I like to drink beer while watching soccer games.（一边……一边……）

（2）Flying is both fast and comfortable.（又……又……）

（3）I have been to neither Beijing nor Shanghai; I have only been to Xi'an.（既……也……）

（4）The more people there are watching, the more enthusiastically they perform.（越……越……）

（5）Why can't you even understand such a simple question?（连……都……）

练习三

1. 听力理解。

Listening comprehension.

根据听到的内容，选择正确的答案。

Listen to the conversations, then choose the correct answer to each question.

对话

（1）白小红的普通话怎么样？

　　A. 很地道

　　B. 有一点儿口音

　　C. 没有北京人说得地道

（2）关于北京话，下面哪种说法是正确的？

　　A. 北京话就是普通话

　　B. 北京话也是汉语的一种方言

　　C. 北京话儿化没有别的方言多

（3）关于儿化，下面哪种说法是不正确的？

　　A. 可以把东西说得小一些

　　B. 可以表达喜欢的意思

　　C. 没有特别的意思

（4）"男孩儿"和"女孩儿"的年纪可能是多大？

　　A. 1~20 岁　　　　　B. 1~10 岁　　　　　C. 很难说

（5）"小大人儿"是什么意思？

　　A. 年纪轻的大人

　　B. 有点像大人的小孩儿

　　C. 大学刚毕业的年轻人

短文

（1）汉语有几种重要的方言？

  A. 6 种   B. 7 种   C. 8 种

（2）广东话是什么方言？

  A. 北方方言   B. 南方方言   C. 东方方言

（3）为什么中国南方的方言比较多？

  A. 交通不方便   B. 首都在北方   C. 离北京太远

（4）为什么把北京话的语音当作普通话的语音？

  A. 北京现在是中国的首都

  B. 北京话说起来比较好听

  C. 能听懂北京话的人比较多

（5）什么是地方普通话？

  A. 每个地方的人说的普通话

  B. 带有口音的普通话

  C. 很标准的普通话

2. 口语表达。

Oral practice.

（1）学语言应不应该像白小红那样一定要学"地道的"？

In learning a language, must one learn to speak like a native as Bai Xiaohong is trying to do?

（2）白小红是不是在和自己过不去？

Was Bai Xiaohong being too hard on herself?

3. 阅读理解。
Reading comprehension.

从前有一个人，总是觉得自己走路不好看。自己家乡的人，男的、女的、大人、小孩儿，走路的样子也都不好看。

他听说，在他家乡的北边，有个地方叫邯郸，那儿的人走路都非常好看。他就到邯郸学习走路。

到了邯郸以后，他发现邯郸人走路的样子真的很好看，他又高兴又担心。高兴的是他将来可以走得很好看，担心的是邯郸人会笑话他连走路都不会。

他在邯郸既没有亲戚，也没有朋友，只好住在饭店里。邯郸没有学习走路的学校，他就在马路上看别人走路，一边看，一边学。时间过得很快，可是他学得很慢。邯郸人真的开始笑话他了，因为他走路的样子太奇怪了。

冬天来了，天气越来越冷，他有点想回家了，他带的钱也快花完了。但是这时他既没有学会邯郸人走路的样子，又忘掉了自己以前走路的习惯。而且他连自己以前是怎么走路的都忘了，只好爬回了家。

补充词语：

Supplementary words:

（1）从前   cóngqián   once upon a time; formerly; in the past

（2）邯郸   Hándān   capital city of the State of Zhao during the Warring States Period of China (BC475—BC221)

Unit
3

根据短文的内容，判断下面的说法是否正确。

Decide whether these statements are true or false according to the passage above.

（1）那个人觉得他家乡有的人走路的样子不好看。 　　　　　　　（　　）

（2）那个人刚到邯郸的时候，觉得他将来可以学会邯郸人走路的样子。

　　　　　　　　　　　　　　　　　　　　　　　　　　　　（　　）

（3）他去邯郸以后，在邯郸的走路学校里学习走路。 　　　　　（　　）

（4）邯郸人第一次见到那个人就笑话他了。 　　　　　　　　　（　　）

（5）冬天来了，那个人走路的样子像邯郸人一样了。 　　　　　（　　）

（6）那个人没有学会邯郸人走路的样子。 　　　　　　　　　　（　　）

4. 写作。

Writing exercise.

写一段话，谈谈自己学习汉语的经历。注意用上以下句式。

Write a paragraph about your experience of studying Chinese. Use the patterns below.

一边……一边……　　　　　　　越来越……

既……又……　　　　　　　　　连……都／也……

Calligraphy

China has a long history of writing characters with the writing brush. These characters are not only the carrier of the language, but also a refined and elegant artistic form.

Chinese calligraphy can only be written through the use of a brush, ink stick, paper and ink-stone at hand. Writing calligraphy is an enjoyable activity and the calligraphy work itself can be used as a household decoration.

Calligraphy learning can start with writing simple characters or tracing over the model characters printed on practice sheets.

Write the following Chinese characters with the help of your teacher or the online textbook.

Unit
3

Unit 4

Gè Yǒu Suǒ Ài

各 有 所 爱

Each Has His Own Likes

 练习一

1. 朗读下列词语。
   Read aloud the following words and phrases.

球迷	（电）影迷	歌迷	电脑迷
不管什么人	不管什么时候	不管什么地方	不管什么原因
为了学汉语	为了看比赛	为了孩子	为了女朋友
有很多爱好	没有什么爱好	爱好上网	爱好旅行
和朋友联系	电话联系	怎么联系	有没有联系
打篮球	打乒乓球	打网球	踢足球
带劲儿	起劲儿	有劲儿	没劲儿

2. 替换对话。
   Substitution drills.

（1）A：你怎么能这么做呢？

   B：怎么了？

   A：这么做 太不像话了。

想	太没意思了
说	太不够朋友了
拒绝别人	太不客气了

（2）A：昨天的比赛真好看。

　　　B：什么比赛？

　　　A：德国队和意大利队

　　　　　的足球比赛啊，难道你没看？

　　　B：我从来不看足球比赛。

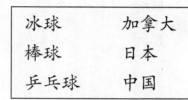

美国队和加拿大队的篮球比赛	篮球
日本队和巴西队的排球比赛	排球
中国队和瑞典队的乒乓球比赛	乒乓球

（3）A：你不是不喜欢看篮球比赛吗？

　　　B：以前不喜欢，现在喜欢了。

　　　A：为什么？

　　　B：篮球是美国的"国球"，我想知道美国人

　　　　　为什么那么喜欢篮球。

　　　A：原来是这样。

冰球	加拿大
棒球	日本
乒乓球	中国

练习二

1. 同义词／近义词连线。

From the two columns below, draw lines between the synonyms or expressions with similar meanings.

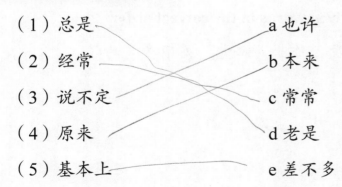

（1）总是　　　　　　a 也许

（2）经常　　　　　　b 本来

（3）说不定　　　　　c 常常

（4）原来　　　　　　d 老是

（5）基本上　　　　　e 差不多

2. 选词填空。

Choose the correct word to fill in the blanks.

原来　　本来

（1）难怪这个房间这么脏，_____很长时间没有人住了。

（2）白小红的英语_____就说得很好，可她还要我帮她学习地道的美国英语。

（3）_____么，一岁的孩子，懂什么呀？

（4）_____你就是江山啊，我早就听说过你的名字。

3. 给括号里的词选择一个合适的位置。

Choose the correct place in each sentence for the given words.

（1）A 你 B 也是中国人啊，C 我 D 把你当成日本人了。（原来）

（2）A 你不知道 B 喝酒 C 对身体 D 不好吗？（难道）

（3）我们 A 也去中国城 B 吃 C 中国菜 D。（偶尔）

（4）A 以前陈静 B 一个人 C 去旅行，现在总是和男朋友 D 一起去。（经常）

（5）A 我喜欢乒乓球，B 什么水平的乒乓球 C 比赛我 D 都看。（不管）

4. 组词成句。

Make a sentence by placing the given words in the correct order.

（1）完成　我　昨天晚上　没　作业　睡觉　差不多　为了

（2）有时间　我　去　只要　就　上网

（3）什么时候　你　可以　都　不管　给　我　打电话

（4）我　乒乓球　经常　打　原来

（5）我的意思　明白　难道　你　不　吗

5. 根据例句改写下面的句子。

Rephrase these sentences according to the example below.

例：一岁的孩子懂什么呀？

　　→一岁的孩子什么都不懂。

（1）这件事我不是已经告诉过你了吗？

（2）这么多作业，一个小时怎么可能做完呢？

（3）他一定要去，我有什么办法？

（4）乒乓球是中国的"国球"，我能不喜欢吗？

（5）这有什么奇怪的？

6. 用所给的词填空。

Fill in the blanks with the given words.

比如　普通　水平　偶尔　带劲　只要　发明　不管　爱好

　　江山和我都喜欢看球赛。不过，我们的＿＿1＿＿不一样。江山喜欢看"大球"比赛，＿＿2＿＿是篮球、橄榄球，还是足球比赛，他都看。当然，他最喜欢看的是篮球比赛，＿＿3＿＿有篮球比赛他就看。我喜欢看"小球"比赛，＿＿4＿＿乒乓球、羽毛球和网球比赛，我觉得看乒乓球比赛最＿＿5＿＿。

　　江山喜欢看篮球比赛的一个原因是美国的篮球＿＿6＿＿是世界第一，还有一个原因是篮球是在美国＿＿7＿＿的。

　　江山基本上不看乒乓球比赛。我呢，＿＿8＿＿也看篮球比赛，但是我只看NBA，＿＿9＿＿的比赛我不看。

7. 用括号里的词或句式把下面的句子翻译成中文。

Translate the following sentences into Chinese with the words and patterns included in the brackets.

（1）Is it possible that you don't know anything about this matter either?
（难道）

（2）Is it possible that Mr. Zhang is not coming today?（难道）

（3）Haven't I already told you? I don't like playing soccer.（不是……吗？）

（4）What's so good about this kind of movie?（有什么……的？）

（5）He is my best friend. How can it be possible that I don't know what he likes?（能不……吗？）

 练习三

1. 听力理解。

Listening comprehension.

根据听到的内容，选择正确的答案。

Listen to the conversations, then choose the correct answer to each question.

对话

（1）关于男的，下面哪个说法是正确的？

　　A. 他是一个真正的足球迷。

　　B. 他不喜欢英格兰人。

　　C. 他不看普通的比赛。

（2）关于女的，下面哪个说法是正确的？

A. 她是一个真正的足球迷。

B. 她不是一个真正的足球迷。

C. 她觉得男的不聪明。

（3）足球是在哪儿发明的？

A. 英格兰　　　　　B. 美国　　　　　C. 中国

（4）女的为什么只喜欢看英格兰队的比赛？

A. 足球是在英格兰发明的。

B. 英格兰人的足球踢得最好。

C. 她喜欢英格兰队里的一个球星。

（5）男的和女的爱好一样吗？

A. 一样　　　　　B. 不一样　　　　　C. 差不多

短文

（1）短文里一共提到了几种味道？

A. 2 种　　　　　B. 3 种

C. 4 种　　　　　D. 5 种

（2）做菜喜欢放糖的是哪里人？

A. 湖南人　　　　　B. 上海人

C. 山西人　　　　　D. 江西人

（3）做菜喜欢放醋的是哪里人？

A. 江西人　　　　　B. 山西人

C. 四川人　　　　　D. 上海人

2. 口语表达。

Oral practice.

谈谈你的爱好。

Talk about a hobby of yours.

3. 阅读理解。

Reading comprehension.

　　萝卜青菜，各有所爱。这话一点也不假。就说看电视吧，老王一家一共只有三个人：太太、女儿和老王自己，但是三个人的爱好一点也不一样。

　　老王喜欢看体育节目，特别是足球比赛，只要有转播，老王就一定要看。老王的太太喜欢看电视连续剧，每天都看，有时候一边看，一边还流眼泪。他们的女儿呢，喜欢看娱乐节目，年轻人嘛。

　　老王家只有一台电视机。吃完晚饭，一家人就坐在电视机前面看电视。平时都是老王和女儿让着王太太，可是到了周末，老王一家人就抢起了电视机遥控器。为什么？老王要看足球比赛，女儿要看娱乐节目，王太太呢，连续剧还没看完呢。有一次三个人吵了起来，老王一生气，把电视机给关了，谁也不让看。第二天，平时很小气的老王跑到商店，又买了一台电视机回家。

补充词语：

Supplementary words:

（1）	假	jiǎ	wrong, mistaken
（2）	连续剧	liánxùjù	TV drama series
（3）	娱乐	yúlè	entertainment, amusement
（4）	让	ràng	give way; yield to

（5）周末　　zhōumò　　weekend

（6）抢　　qiǎng　　scramble for

（7）遥控器　　yáokòngqì　　remote control

根据短文内容，判断下面的说法是否正确。

Decide whether these statements are true or false according to the passage above.

（1）老王的女儿喜欢娱乐节目，因为她是年轻人。　　（　　）

（2）平时电视机遥控器都在老王太太手里。　　（　　）

（3）周末没有电视连续剧。　　（　　）

（4）老王又买了一台电视机，因为他不想因为看电视和太太、孩子吵。

（　　）

（5）老王家可能还会买一台电视机。　　（　　）

4. 写作。

Writing exercise.

写一段话，谈谈你和你家里人的爱好。

Write a paragraph about your and your family's hobbies.

Chinese Martial Arts

Martial arts are the techniques used to train people in the use of weapons and in hand-to-hand combat. They cover the unarmed and weapon-based methods of attack and defense created on the basis of the combination of such acts as kicking, striking, throwing, seizing, falling, hitting, hacking and piercing. China has a long history of martial arts with great public support. Martial arts is a traditional sports event in China and a major contribution to world cultural heritage. There are some well-known varieties of martial arts, such as Shaolin Boxing, Shadow Boxing, Bagua Boxing.

Learn some simple martial arts techniques with the help of your teacher or coach.

Unit 5 | Zhǎobuzháo Běi
找 不 着 北
Getting Lost

 练习一

1. 朗读下列词语。
   Read aloud the following words and phrases.

收拾行李	收拾房间	收拾东西	收拾好了
准备上课	准备回家	准备做饭	准备好了
根本不行	根本不会	根本没有	根本没见过
找不着	买不着	用不着	管不着
吃不了	用不了	拿不了	走不了
来一趟	去一趟	走一趟	跑一趟

2. 替换对话。
   Substitution drills.

   （1）A：你的<u>酒</u>还没<u>喝</u>完呢。

   B：对不起，我实在<u>喝</u>不了了。

饭	吃
菜	吃
汤	喝

（2）A：明天9点在北京饭店门口见面，
别忘了带照相机！

B：放心吧，忘不了。

香山公园	照相机
学校	书
火车站	车票

（3）A：下个月我打算去中国。在中国
买东西方便吗？

B：这要看你去哪儿了。

A：我要去北京。

B：那太方便了，比你在这里还方便。

打电话	北京
上网	上海
发电子邮件	杭州

练习二

1. 选词填空。

Choose the correct word to fill in the blanks.

实在　　的确

（1）对不起，今天我＿＿＿太累了，不能陪你去看电影了。

（2）她做的菜＿＿＿太难吃了。

（3）我看清楚了，＿＿＿是小张和他女朋友。

（4）你说得对，我中午＿＿＿喝酒了。

特殊　　特别

（1）过生日那天，陈静收到了一个＿＿＿的礼物。

（2）你穿这种颜色的衣服＿＿＿漂亮。

（3）我对长城有一种＿＿＿的感觉。

（4）那个人看上去很＿＿＿。

2. 给括号里的词选择一个合适的位置。

Choose the correct place in each sentence for the given words.

（1）A 他肯定会来的，Ⓑ发生了 C 特殊的事情 D。（除非）

（2）A 我 Ⓑ不明白江山 C 为什么那么 D 喜欢看篮球比赛。（实在）

（3）你 A 肯定看错了，B 我 C 昨天 Ⓓ就没有上街。（根本）

（4）A 这件衣服 B 才 80 块人民币，Ⓒ很便宜 D。（的确）

（5）A 我们班 Ⓑ同学已经 C 去过 D 那个地方了。（有的）

3. 组词成句。

Make a sentence by placing the given words in the correct order.

（1）杰克　中国　去　旅行　准备　下个星期

（2）我　回去　得　行李　收拾　了

（3）这　种　现在　买　了　词典　着　不

Ⓐ（4）吃　你　得　吗　了　这么　多

（5）这件事　没　跟　我　关系　的确

4. 根据例句改写下面的句子。

Rephrase these sentences according to the examples below.

例：北京的马路比上海的直。→上海的马路没有北京那么直。

　　要是你不说，我差点儿就忘了。→你不说我差点儿就忘了。

　　北京有很多大商场。→北京的大商场有的是。

（1）在北京买东西比在西安买东西方便。

（2）加拿大的环境比中国好得多。

（3）如果不下雨，我就去。

（4）要是你不打算用，你就别带。

（5）我有很多时间。

（6）我在北京有很多朋友。

5. 用所给的词填空。
Fill in the blanks with the given words.

准备　发达　收拾　了　了解　着　有些

人人都喜欢旅行。有的人出门旅行的时候喜欢带东西，吃的、穿的、喝的、用的，什么都带。不过＿＿1＿＿行李的时候很麻烦。东西太多，两个大包也装不＿＿2＿＿。其实，旅行不是搬家，＿＿3＿＿东西根本就用不＿＿4＿＿带。最重要的是，旅行以前要＿＿5＿＿一下你要去的地方。如果那里的经济比较＿＿6＿＿，那就少带点东西，很多东西都可以到那儿以后再买；如果那里的经济不发达，那就要认真＿＿7＿＿了，不要把应该带的东西也忘了。

6. 用括号里的词把下面的句子翻译成中文。
Translate the following sentences into Chinese with the words included in the brackets.

（1）It's very difficult to really understand a person.（了解）

（2）We have not seen each other since graduating from secondary school.（自从）

（3）Many people, including me, do not understand China very well.（包括）

（4）He won't refuse to help you unless there is a particular reason.（除非）

（5）I'm sorry, I really can't eat any more.（实在）

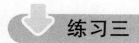 练习三

1. 听力理解。

Listening comprehension.

根据听到的内容，选择正确的答案。

Listen to the conversations, then choose the correct answer to each question.

对话 A

（1）女的比较喜欢这个地方的哪个季节？

    A. 冬天   B. 秋天   C. 春天

（2）女的觉得这个地方怎么样？

    A. 气候不太好   B. 气候很好   C. 很有意思

对话 B

（1）男的刚才去哪儿了？

    A. 学校   B. 商店   C. 李老师家

（2）男的为什么不先给李老师打个电话？

    A. 他忘了   B. 他觉得用不着   C. 他想让女的打

对话 C

（1）男的准备去哪儿？

  A. 中国   B. 加拿大   C. 美国

（2）女的认为男的应该带什么？

  A. 日用品   B. 卫生纸   C. 中国买不到的东西

短文

（1）西安在中国的什么地方？

  A. 东部   B. 西部   C. 中部

（2）西安原来的名字叫什么？

  A. 江安   B. 长安   C. 黄安

（3）短文里提到了西安几个应该看的地方？

  A. 2 个   B. 3 个   C. 4 个

（4）谁觉得在西安旅游比在北京和上海旅游更有意思？

  A. 去过西安的人

  B. 对中国历史没兴趣的人

  C. 对中国历史感兴趣的人

2. 口语表达。
Oral practice.

去旅行的时候，你喜不喜欢多带一些东西，为什么？

When going on a trip, do you like to take along extra things with you? Why?

3. 阅读理解。
Reading comprehension.

请客吃饭是中国人的一种习惯。以前中国人经常在家里请客,主人总是做很多菜,一定要客人吃,有时客人实在吃不了。其实吃不了也没关系,要是你真把主人做的菜全吃完了,主人会很不好意思,他觉得你可能没吃饱,更没吃好。

现在很多中国人比原来有钱了,就在饭店请客。这样既能吃到好吃的菜,又不像在家里做那样麻烦。点菜的时候,热情的主人肯定要点很多。吃不了怎么办?有句话叫"吃不了兜着走",意思是说,你吃不了的话就带回去,这叫"打包"。开始的时候,有些人还不好意思"打包",因为那样会让客人觉得小气。现在已经完全习惯了。吃不了,当然应该兜着走。

补充词语:

Supplementary words:

(1) 主人	zhǔrén	host
(2) 兜	dōu	pack sth. up
(3) 饱	bǎo	have eaten one's fill; be full
(4) 点菜	diǎncài	order dishes (from a menu)
(5) 打包	dǎbāo	pack sth.; to take away (from a restaurant)

根据短文内容,判断下面的说法是否正确。

Decide whether these statements are true or false according to the passage above.

(1) 以前中国人从来不在饭店请客。　　　　　　　　　　　　(　　)

(2) 在别人家吃饭,客人应该把主人做的菜都吃完。　　　　　(　　)

（3）如果把饭菜都吃完了，客人会觉得不好意思。 （ ）

（4）"打包"就是把在饭店里没吃完的菜带回去。 （ ）

（5）有的人不"打包"是因为怕麻烦。 （ ）

4. 写作。
Writing exercise.

写一段话，介绍你曾经去过的一个国家或者城市。

Write a paragraph introducing a city or country you have visited before.

Map of China Jigsaw Puzzle

Jigsaw puzzles are a great pastime that never gets old and is fun for everyone. Jigsaw puzzles help to exercise the intellect and also help to attain new knowledge. Either buy a jigsaw puzzle of the map of China or make one yourself, then compete and find out which group finishes the puzzle the fastest.

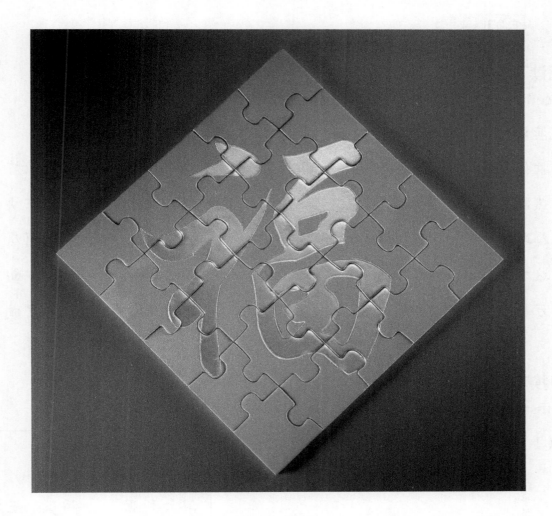

Unit
5

Unit 6 | Bǎochí Liánxì
保持 联系
Keep in Touch

 练习一

1. 朗读下列词语。
Read aloud the following words and phrases.

读读	聊聊	翻翻	摸摸	看看
收拾收拾	准备准备	联系联系	参观参观	锻炼锻炼
热闹热闹	舒服舒服	高兴高兴	暖和暖和	凉快凉快
踢踢球	游游泳	睡睡觉	看看电影	逛逛商店
这方面	那方面	哪方面	学校方面	公司方面
万事如意	一路平安	一路顺风	岁岁平安	心想事成

2. 替换对话。
Substitution drills.

（1）A：你来<u>加拿大</u>多长时间了？

B：已经<u>三四个月</u>了。

美国	一两年
中国	八九个月
澳大利亚	两三个星期

（2）A：你刚才去哪儿了？

　　B：去附近的超市看了看。

　　A：买东西的人多吗？

　　B：不多。总共只有二十来个。

商店	买东西	十来个
饭店	吃饭	五六个
足球场	看比赛	一百来个

（3）A：你每天晚上吃完饭

　　　　以后干些什么？

　　B：看看报纸，然后

　　　　看一会儿书。

看看电视	出去散散步
听听音乐	学一会儿英语
打电话和朋友聊聊	练习练习听力

练习二

1. 用恰当的量词填空。

Fill in the blanks with an appropriate measure word.

（1）一 支 牙刷　　　　（2）一 件 行李

（3）一 颗 心　　　　　（4）一 支 牙膏

（5）一 块 巧克力　　　（6）一 种 爱好

（7）一 张 桌子　　　　（8）一 支 口红

（9）一 种 习惯

2. 选词填空。

Choose the correct word to fill in the blanks.

几乎　差点儿

（1）我 几乎 不相信我的眼睛，难道这是真的？

（2）他说得太快了，我 几乎 一句也没听懂。

（3）我们班的同学 _几乎_ 都来了。

（4）刚下过雨，路不好走，我刚才 _差点儿_ 摔倒了。

几乎　差不多

（1）那个地方太难找了，我 _差不多_ 没找到。

（2）今天的篮球比赛肯定很好看，因为两个球队的水平 _差不多_ 。

（3）我 _几乎_ 把这事给忘了。

（4）他们两个人个子 _几乎_ 一样高。

3. 给括号里的词选择一个合适的位置。

Choose the correct place in each sentence for the given words.

（1）A 我的电话卡里 B 还有 C 十多块钱 D。（大约）

（2）A 我们班同学 B 人人 C 都 D 看过那部电影。（几乎）

（3）美国和加拿大的交通 A 发达，B 特别 C 是 D 城市交通。（十分）

（4）A 那天晚上 B 我们 C4 个人 D 喝了 20 瓶啤酒。（总共）

（5）如果老板 A 知道顾客肯定 B 不买他的东西，C 会 D 那么热情吗？
（还）

4. 组词成句。

Make a sentence by placing the given words in the correct order.

（1）我　去　前天　这里　看　最大　的　了　看　超市

（2）吃惊　的　最　我　让　是　这儿　的　环境

（3）你　全　中国　知道　有　人口　多少　吗

（4）你　为　她　用　不　担心

（5）我　看　左右　两个小时　每天　电视　要

5. 根据例句改写下面的句子。

Rephrase these sentences according to the examples below.

例：我每天早上起来跑一会步，读一会英语。

→我每天早上起来跑跑步，读读英语。

林娜今年二十四五岁。→林娜今年二十五岁左右。

林娜的弟弟大概二十岁多一点儿。→林娜的弟弟二十来岁。

（1）我每天晚上都要看一会儿电视，学一会儿英语。

（2）睡觉以前我总是要看一会儿书，听一会儿音乐。

（3）张老师看上去有三十五六岁。

（4）我们班的同学有的19岁，有的20岁，也有21岁的。

（5）我的电话卡大约还可以打二十分钟多一点儿。

（6）那个孩子只有十一二岁。

6. 用所给的词填空。

Fill in the blanks with the given words.

明显　其中　方面　赚　大约　耐心　顾客

中国和加拿大在很多＿＿1＿＿都不一样。感觉最＿＿2＿＿的是加拿大人比中

国少得多。中国是世界上人口最多的国家，加拿大的人口＿＿3＿＿只是中国的

四十分之一，____4____ 还有很多是华裔。因为人多，所以在中国开饭店不用担心没有____5____，而且肯定能____6____钱。不过可能也是因为人多，中国人没有加拿大人那么有____7____。

（手写）其中
（手写）顾客
（手写）赚
（手写）而耐心

7. 用括号里的词或句式把下面的句子翻译成中文。

Translate the following sentences into Chinese with the words and patterns included in the brackets.

（1）You need physical exercise. If you have some time, let's play ball games or go swimming together. （VVO）

（2）I was just thinking about having a chat with you about the problems in this area. （VV）

（3）It's not far from here to the train station; it takes about ten minutes to get there on the bus. （……来分钟）

（4）There are more than twenty-three million people in the urban district of Shanghai, and among those people, one tenth do not know how to speak the Shanghai dialect of Chinese. （……分之……）

（5）In China, about ninety percent of secondary school students take English for their foreign language requirement. （左右）

1.听力理解。

Listening comprehension.

根据听到的内容，选择正确的答案。

Listen to the conversations, then choose the correct answer to each question.

对话 A

（1）刚才你听到的是两个人打电话，这个电话是谁打的？

    A. 小高打的

    B. 林娜打的

    C. 既不是小高打的，也不是林娜打的

（2）谁在维多利亚？

    A. 小高   B. 林娜   C. 小钱

（3）林娜来加拿大多长时间了？

    A. 一个月   B. 两个月   C. 一个多月

（4）加拿大和中国的区别，电话里没有介绍的是什么？

    A. 空气方面   B. 人口方面   C. 商店方面

对话 B

（1）下面哪一个说法是不正确的？

    A. 女的已经习惯了加拿大的生活

    B. 女的每天都要去散步

    C. 女的每天都要逛商店

（2）女的觉得中国城里的中国菜怎么样？

    A. 不地道   B. 很好吃   C. 味道很特别

（3）女的为什么不打算开中国饭店？

    A. 她不会做中国菜   B. 她担心不赚钱   C. 她不想当老板

对话 C

（1）女的为什么不和男的聊了？

    A. 她的时间不多了

    B. 她的电话卡里快没钱了

    C. 她要写信

（2）男的觉得关于写信这件事怎么样？

    A. 现在写信的人不多了

    B. 写信没有发电子邮件方便

    C. 写信没有意思

（3）女的为什么不给男的发电子邮件？

    A. 她的英语不太好

    B. 她不会用英语发电子邮件

    C. 她觉得男的英语不太好

2. 口语表达。

Oral practice.

说一说你的星期天一般是怎么过的，注意用上动词的重叠形式。

Talk about how you generally spend your time on Sundays. Use the verb reduplication.

3. 阅读理解。

Reading comprehension.

我是一个喜欢挑战的人。在我身边有很多来自中国的朋友，他们也是一些喜欢挑战的人。Dr. Xia 就是其中的一位。

Dr. Xia 来美国之前是北京一所著名大学的英语老师，工作顺利，生活轻松。七八年前却辞职来美国读博士，跟我做了同学，毕业后就留在大学工作。

一次，在一个小酒吧里和 Dr.Xia 喝酒时，我问他来美国后悔不后悔。他说，虽然他放弃了很多，在国外的学习、生活、工作的压力比在国内也要大得多，但是他一点不后悔。

我又向他请教，我明年毕业后，去中国工作好还是留在美国好。他坦诚地建议我应该去中国，因为中国可以为我提供一个新的人生舞台，就好像他来美国寻找一个新的人生舞台一样。

补充词语：

Supplementary words:

（1）挑战	tiǎozhàn	challenge
（2）辞职	cízhí	to resign
（3）博士	bóshì	Ph.D
（4）后悔	hòuhuǐ	to regret
（5）放弃	fàngqì	give up
（6）压力	yālì	pressure
（7）请教	qǐngjiào	seek advice from sb.

（8）坦诚　　tǎnchéng　　honestly

（9）舞台　　wǔtái　　stage

根据短文的内容，判断下面的说法是否正确。

Decide whether these statements are true or false according to the passage above.

（1）我和 Dr. Xia 现在都在纽约的一所大学读书。　　　　　（　　）

（2）Dr. Xia 原来是北京一所大学的老师。　　　　　　　　（　　）

（3）Dr. Xia 觉得中国国内的生活没有美国的轻松。　　　　（　　）

（4）Dr. Xia 觉得我应该留在美国工作。　　　　　　　　　（　　）

4. 写作。
Writing exercise.

　　写一段话介绍你们学校的情况，包括老师、学生的人数，他们是从什么国家来的等等。要求使用概数和分数表达。

　　Write a paragraph introducing some general information about your school, including the numbers of teachers and students and their nationalities. Use round numbers and fractions.

Making a Postcard

Many people will buy local postcards to send to their friends or to keep as souvenirs during their trip. But postcards made by us are more meaningful, as well it is not difficult to make them.

1. Choose a photo or draw a picture as the front of the a postcard.

2. The standard size of a Chinese postcard is 165mm × 102mm with a photo measuring 6 *cun* (150mm × 100mm).

3. Paste the photo on a piece of thick card paper or art paper.

4. Paste a stamp on the back of the card paper.

5. Write down the postcode, address and greetings.

Unit
6

Unit 7

Tiānxià Yì Jiā

天下一家
All Under Heaven Are One Family

 练习一

1. 朗读下列词语。

Read aloud the following words and phrases.

一月份	十一月份	七八月份	几月份
有什么讲究	不讲究	讲究吃	在穿衣服方面很讲究
名人	名店	名城	名家
除了我	除了星期天	除了喝酒	除了学汉语
根据她的介绍	根据这些情况	根据什么	有没有根据
有些人	有些事情	有些贵	有些担心

2. 替换对话。

Substitution drills.

（1）A：听说你要去中国学汉语?

　　B：是啊，我打算先去北京学半年，然后去广州学半年。

旅行	去北京看长城	去四川看熊猫
工作	学半年汉语	去中国公司工作

（2）A：几个房间都找过了吗？

B：除了卫生间，都找过了。

这些书	看	这本	看
附近的超市	去	SAFEWAY	去

（3）A：没想到你还会做中国菜。

B：怎么样，没看出来吧。

你还会画中国画	看出来
你的舞跳得这么好	看出来
是你在唱歌	听出来

 练习二

1. 同义词连线。

Draw lines between the synonyms from these two columns of words.

（1）大概   a 的确

（2）十分   b 差点儿

（3）几乎   c 非常

（4）一共   d 总共

（5）特别   e 本来

（6）原来   f 特殊

（7）实在   g 大约

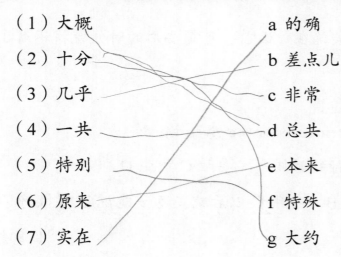

2. 选词填空。

Choose the correct word to fill in the blanks.

一般   普通

（1）我星期天___一般___都不在家。

（2）这是高级饭店，__普通__人不会到这里吃饭。

（3）我的英语水平还很___一般___。

（4）我爸爸是一个___普通__工人。

59

光　　只

（1）我___只___有 10 分钟时间，你快点说。

（2）你别___只光___喝酒，也吃点菜啊。

（3）___光___我们学校就去了 200 多人。

（4）我这次旅行花了很多钱，___光___机票就是 1 万多。

有些　　有点儿 (unpleasant)

（1）___有些___事情我现在不能跟你说。

（2）她好像___有点儿___不高兴。

（3）我找你___有点儿___事。

（4）___有些___东西你不用的时候就在你面前，可是要用的时候就找不着了。

3. 给括号里的词选择一个合适的位置。

Choose the correct place in each sentence for the given words.

（1）你记 A 住，B 去中国旅行的时候一定要带 C 护照 D。（上）

（2）我认为 A 要是像这样学 B，半年 C 以后就差不多能说 D 得很好了。

（下去）

（3）A 我 B 怎么 C 想不出来 D 这么好的主意呢。（就）

（4）你 A 先弄 B 清楚事情的原因，C 然后 D 再想办法。（得）

（5）A 考试的时候不能急，越急越 B 想 C 出 D 来。（不）

4. 组词成句。

Make a sentence by placing the given words in the correct order.

（1）我　你　听　是　哪里人　出来　了　吗

（2）他的名字　想　现在　我　起来　了　不

（3）实在　学　我　下去　不　了

（4）以前　睡觉　不　要　关　忘记　空调　上

（5）陈静　不　这件事　怪　能

5. 用"非……不可"改写下面的句子。

Rephrase these sentences using the 非 … 不可 pattern.

（1）睡觉以前，我一定要把今天的作业做完。

（2）他要这么做，我们也没有办法。

（3）你如果把我当朋友，这杯酒你一定要喝。

（4）我把妈妈的衣服弄脏了，妈妈回来肯定会骂我的。

（5）林娜要是知道了这件事，一定会气死。

6. 用所给的词填空。

Fill in the blanks with the given words.

名人　决定　像　讲究　坚持　去世　玩笑

马克__1__去中国学习汉语。他听说中国人取名字很__2__，就想请白小红帮他取一个地道的中国名字，听起来不__3__外国人的那种。白小红告诉马克，中国人的名字有的有讲究，有的没有讲究。可是马克__4__要白小红给他取一个。白小红就和马克开起了__5__，让他叫马克思。马克思在中国是一个____6____，不过已经____7____很多年了。马克不知道，其实现在有些年轻的父母喜欢给孩子取一个带点儿"洋味儿"的名字，这也许是一种新讲究吧。

7. 用括号里的词或句式把下面的句子翻译成中文。

Translate the following sentences into Chinese with the words and patterns included in the brackets.

（1）Her Mandarin only has a slight accent. If you don't pay attention, you can't even hear it.（V 不出来）

（2）I have to keep on persevering.（V 下去）

（3）Except for Jack, none of us have been to China.（除了）

（4）According to Mr. Zhang's introduction, there are many people with the same surname and first name in China.（根据）

（5）You can't blame other people for this matter. You can only blame yourself for being careless.（怪）

練習三

1. 听力理解。

Listening comprehension.

根据听到的内容，选择正确的答案。

Listen to the conversations, then choose the correct answer to each question.

对话 A

（1）这段对话可能发生在什么地方？

　　A. 学校　　　　　　B. 饭店　　　　　　C. 电影院门口

（2）男的为什么来晚了？

　　A. 他住的地方比较远

　　B. 他在和外国朋友互相学习

　　C. 他想不出来好听的名字

对话 B

（1）女的觉得自己怎么样？

　　A. 有点胖　　　　　B. 有点瘦　　　　　C. 太忙了

（2）男的觉得女的怎么样？

　　A. 有点胖　　　　　B. 有点瘦　　　　　C. 太忙了

对话 C

（1）女的和男的可能是什么关系？

　　A. 同学　　　　　　B. 朋友　　　　　　C. 夫妻

（2）男的在干什么？

　　A. 看书　　　　　　B. 查词典　　　　　　C. 想问题

Unit
7

63

短文

（1）关于那句很有名的话，下面哪个说法是正确的？

　　A. "我"想不起来怎么说了

　　B. 好像是跟毛巾有关系

　　C. 说的是特殊情况

（2）一般来说，下面哪个说法是正确的？

　　A. 穿得不怎么样的人可能是公司老板

　　B. 看一个人穿得什么样就知道他是什么样的人

　　C. 看一个人有没有能力，不能只看他长什么样

（3）下面哪一个不是说话人的意思？

　　A. 可以根据穿的衣服看出那个人的基本情况

　　B. 只根据穿的衣服很难看出那个人怎么样

　　C. 有时候，穿得不怎么样的人也可能有很多钱

（4）很多中国人为什么讲究穿？

　　A. 因为他们很有钱

　　B. 因为他们喜欢漂亮的衣服

　　C. 因为他们不愿意让别人看不起

2. 口语表达。
Oral practice.

（1）说一说你的中文名字是怎么来的？有什么讲究吗？

Talk about how you got your Chinese name. Is there anything special about it?

（2）讨论：你觉得名字重要吗？

Discussion: Do you think a person's name is important?

3. 阅读理解。
Reading comprehension.

很多中国人有两个名字：小名儿和大名儿。小名儿一般是上学以前的名字，是自己家里人叫的，所以父母给孩子取小名儿的时候比较随便；大名是上学以后用的名字，是让别人叫的，取名的时候就认真多了。

以前很多父母不认识字，取不出来有讲究的名字，如果他姓王，第一个孩子的小名儿就叫王大，第二个就是王二，然后是王三、王四。大名儿就得讲究一些了，很可能就是"王富、王贵、王有、王余"。你看，"富贵有余"，将来有的是钱。

现在大多数家庭只有一个孩子，而且父母自己一般也是独生子女。孩子姓谁的姓好呢？如果你看到一个名字叫"张杨"，那么这个人的父母很可能一个姓张，一个姓杨。

Unit
7

补充词语：

Supplementary words:

（1）家庭　　　　jiātíng　　　　family

（2）小名儿　　　xiǎomíngr　　　pet name for a child; childhood name

（3）大名儿　　　dàmíngr　　　　one's formal name

（4）独生子女　　dúshēngzǐ-nǚ　　only son or daughter

（5）富贵有余　　fùguì yǒuyú　　　to have wealth, honour, and surplus

根据短文的内容，判断下面的说法是否正确。

Decide whether these statements are true or false according to the passage above.

（1）中国人都有两个名字。 （ ）

（2）小名儿是上学以前取的，大名儿是上学以后取的。 （ ）

（3）以前很多父母不愿意给孩子取有讲究的名字。 （ ）

（4）独生子女"张杨"的爸爸可能姓张，妈妈可能姓杨。 （ ）

4. 写作。

Writing exercise.

写一段话，谈谈你对名字的看法。

Write a paragraph discussing your opinions about names.

练习四

Learning Seal Cutting

Seal cutting is a kind of Chinese traditional art closely linked with calligraphy and enjoys a long history. The earliest Chinese characters were carved with hard-tipped writing instruments. Later, people began to carve characters on jade stones with knives, and the jade stones with characters gradually evolved into authoritative or individual seals. The characters on seals are often the owner's name, so the owner can stamp a seal on his calligraphy or painting as a unique mark to claim ownership.

Carve your name on a seal with the help of your teacher or the online textbook.

Unit 8

Duānwǔ Chuánshuō
端午 传说
Legends about the Dragon Boat Festival

 练习一

1. 朗读下列词语。
   Read aloud the following words and phrases.

春节前后	"五一"前后	吃饭前后	放假前后
路过那个商店	路过这里	路过他们家	从那儿路过
结婚了	结过两次婚	跟谁结婚	结婚几年了
救人	救命	救火	救出来了
偷偷地进去	轻轻地说	慢慢地走	高高兴兴地去旅行
劝她别生气	别劝她了	劝他一起去	不听我的劝

2. 替换对话。
   Substitution drills.

   （1）A：你怎么搞的？不是说好<u>八点半</u>了吗？

   　　 B：对不起，<u>昨天晚上喝醉了</u>。

十一点	路上堵车了
九点	刚才接了个电话
一点半	跟几个朋友一起吃午饭，刚吃完

（2）A：下雨了，你把衣服收进来吧。

B：好，我马上就去。

下雨	雨伞	找出来
刮风	窗户	关上
出太阳	窗户	打开

（3）A：昨天小王家来了很多客人。

B：你怎么知道？

A：我看见小王家门口停着好几辆自行车。

小张家	老外	站着好几个外国人
博物馆	游客	停着好几辆旅游车
我们学校	小学生	坐着很多小朋友

练习二

1. 辨字组词。

Fill in the blanks to form words or phrases.

（1）跑_____ （2）跳_____ （3）踢_____ （4）路_____

（5）愿_____ （6）_____念 （7）忽_____ （8）感_____

（9）_____达 （10）_____道 （11）_____通 （12）_____迷

（13）_____题 （14）_____颗_____ （15）顺_____ （16）预_____

2. 选词填空。

Choose the correct word to fill in the blanks.

后来　　以后

（1）我想九月份_____再去中国。

（2）我们一起去看了一场电影，_____我就回家了。

（3）这次就算了，_____一定要注意，不能再这样了。

（4）自从那件事发生_____，我就没有再见过他。

3. 给括号里的词选择一个合适的位置。
Choose the correct place in each sentence for the given words.

（1）A 林娜 B 和江山 C 八点半 D 在学校门口见面。（说好）

（2）A 我的雨伞让 B 一个朋友 C 拿 D 走了。（给）

（3）开始 A 不习惯，B 后来 C 就习惯了 D。（慢慢）

（4）我 A 想起来一个问题 B：他 C 是怎么 D 知道我的电话号码的？（忽然）

（5）A 看见你 B 不在，C 他们 D 走了。（就）

4. 组词成句。
Make a sentence by placing the given words in the correct order.

（1）按照　你　应该　告诉　老师　你　的　去　办法　做

（2）林娜　男朋友　被　给　哭　了　气

（3）酒　他们　让　喝　给　了　完

（4）她　就　不　好吃　只　吃了　说　一口

（5）很多　人　当时　有　在　热闹　看

5. 根据例句改写下面的句子。

Rephrase these sentences according to the examples below.

例：桌子上放着一本书。→（有一本）书在桌子上放着。

我的钱包被小偷偷走了。→ 小偷把我的钱包偷走了。

（1）前面走过来了一个小伙子。

（2）树上掉下来一片树叶。

（3）沙发上坐着一个姑娘。

（4）两位姑娘被许仙的行为感动了。

（5）他昨天晚上被汽车撞伤了。

6. 用所给的词填空。

Fill in the blanks with the given words.

说好　伤心　关心　纪念　醉　救　前后　故事

白小红昨天晚上喝__1__了，所以今天早上起来得比较晚。本来她和江山__2__八点半见面，可她迟到了十分钟。江山有点儿生气，白小红决定请江山去中国城吃粽子，还给江山讲了一个端午节的__3__。中国人在端午节那天要吃粽子，有些地方还要在端午节__4__举行龙舟比赛。这些都是为了__5__古代的一位诗人。这位诗人叫屈原，他爱自己的国家，__6__普通人的生活。他自杀的时候，很多人划船去__7__他。他去世了，很多人都很__8__。

7. 用括号里的词或句式把下面的句子翻译成中文。

Translate the following sentences into Chinese with the words and patterns included in the brackets.

（1）A special guest has come to our house today.（NL 来了……）

Unit
8

（2）I went in and saw a very pretty girl sitting on the sofa.（NLV 着）

（3）There's a bus driving down the road towards us.（V 过来）

（4）A computer is placed on the desk.（V 着）

（5）Xu Xian was terrified by the white snake lying on the bed.（被）

练习三

1. 听力理解。

Listening comprehension.

根据听到的内容，选择正确的答案。

Listen to the conversations, then choose the correct answer to each question.

对话 A

（1）现在几点？

    A. 七点半　　　　　　B. 八点　　　　　　　C. 八点半

（2）女的要去哪儿？

    A. 学校门口　　　　　B. 公司门口　　　　　C. 电影院门口

对话 B

（1）他们要去哪儿？

    A. 学校　　　　　　　B. 动物园　　　　　　C. 不知道

（2）他们准备坐几路公共汽车？

    A. 9 路   B. 19 路   C. 29 路

对话 C

（1）女的进去以前，老板房间里有几个人？

    A. 2 个   B. 3 个   C. 4 个

（2）女的为什么没有跟老板说？

    A. 老板不在

    B. 老板没看见她

    C. 老板房间有不认识的人

短文

（1）庙里的和尚要到哪里去弄水喝？

    A. 山上的河里   B. 山下的河里   C. 很远的地方

（2）第二个和尚来了一个月以后，他们怎么弄水喝？

    A. 今天你去，明天我去

    B. 总是第二个和尚去

    C. 每天都是两个人一起去

（3）第三个和尚一个人挑了多长时间的水？

    A. 半个月   B. 一个月   C. 一个半月

（4）三个和尚为什么没水喝？

    A. 他们老是吵架

    B. 他们都不愿意多干

    C. 河里没有那么多水

2. 口语表达。
Oral practice.

讲一个民间故事。

Tell a folk tale.

3. 阅读理解。
Reading comprehension.

中国古代还有一个著名的爱情故事也发生在杭州。这个故事叫"梁山伯与祝英台"。

祝英台是一个女孩子,她很想读书,但是古代女人是不能去学校读书的。于是她就打扮成男人,到杭州一个有名的学校读书。在学校里,祝英台和一个叫梁山伯的同学成了好朋友,他们同学三年,吃和住都在一起,但是梁山伯一直没有发现祝英台是女孩儿。

祝英台爱上了梁山伯,可是梁山伯不知道她是女孩子。怎么办呢?祝英台就请老师的太太帮忙,然后自己一个人回到了家乡。

祝英台走后,梁山伯很想念她,于是就向老师请假去看祝英台。老师的太太告诉梁山伯,其实祝英台是一个姑娘。梁山伯这时才明白,他马上就赶到祝英台家。但是祝英台伤心地告诉他,父亲不同意他们结婚,非要她和一个贵族青年结婚不可。梁山伯非常伤心,回去以后不久就病死了。去世以前,他让爸爸妈妈把他埋在祝英台结婚时路过的地方。

祝英台结婚那天,坚持要到梁山伯的坟墓前看看。她伤心的哭声感动了上天,本来很好的天气,忽然刮起了大风,下起了大雨。突然,梁山伯的坟墓打开了,祝英台跳了进去。

风停了，雨也停了，梁山伯的坟墓又合上了，然后从坟墓里飞出了两只彩色的蝴蝶。人们说，那是梁山伯和祝英台变成的。

补充词语：

Supplementary words.

（1）古代　　　gǔdài　　　　　ancient times

（2）打扮　　　dǎbàn　　　　　to disguise; dress up

（3）贵族　　　guìzú　　　　　aristocracy, nobility

（4）埋　　　　mái　　　　　　to bury

（5）坟墓　　　fénmù　　　　　tomb

（6）突然　　　tūrán　　　　　suddenly

（7）合　　　　hé　　　　　　to close

（8）彩色　　　cǎisè　　　　　colorful

（9）蝴蝶　　　húdié　　　　　butterfly

（10）梁山伯　　Liáng Shānbó　　Liang Shanbo (person's name)

（11）祝英台　　Zhù Yīngtái　　　Zhu Yingtai (person's name)

根据短文内容，判断下面的说法是否正确。

Decide whether these statements are true or false according to the passage above.

（1）在中国古代，女人不能读书。（　　）

（2）祝英台一直没有告诉梁山伯自己是女孩子。（　　）

（3）梁山伯很伤心，是因为祝英台又爱上了一个贵族青年。（　　）

（4）梁山伯的坟墓是上天打开的。（　　）

（5）梁山伯和祝英台死了以后，变成了两只彩色的蝴蝶。（　　）

4. 写作。

Writing exercise.

写一个你听过的传说故事。

Write about a legend that you have heard before.

练习四

Wrapping *Zongzi*

Zongzi is a traditional Chinese food eaten during the Dragon Boat Festival. It is fun to wrap *zongzi* with friends and family for the festival. Glutinous rice, bamboo or reed leaves, string and proper fillings are needed to make a *zongzi*. The traditional fillings of *zongzi* are candied dates, red bean paste, yolk and pork. You can also make your own unique *zongzi*.

To make a *zongzi* you first soak glutinous rice in water, prepare the fillings, wash the bamboo or reed leaves, wrap the glutinous rice and fillings up in leaves, tie them with string, and steam them.

Let's make some *zongzi* with our teacher!

Unit 9

Fūzǐ Bānjiā
夫子 搬家
Confucius Moving His House

 练习一

1. 朗读下列词语。
Read aloud the following words and phrases.

绝对没问题	绝对不知道	绝对不行	绝对可以
关于这个问题	关于人口问题	关于环境的书	关于蛇的故事
忍不住笑了	忍不住哭了	忍不住想抽烟	实在忍不住
显得很漂亮	显得很认真	显得很着急	显得我很小气
除了客厅以外	除了上课以外	除了好朋友以外	八小时以外
亲眼看见	亲耳听见	亲口告诉我	亲手交给她

Unit
9

2. 替换对话。
Substitution drills.

（1）A：唉，又写错了一个。

　　　汉字可真难写啊。

　　B：是啊，别说<u>外国人</u>了，

　　　就是<u>中国人</u>也经常写错字。

你	我
学生	老师
刚开始学的人	学了很长时间的人

（2）A：我看这件好。你穿这件显得

特别<u>漂亮</u>。

B：<u>漂亮是漂亮</u>，可是<u>太贵了</u>。

好看	有点儿贵
年轻	我不喜欢这种颜色
活泼	我不希望显得太活泼

（3）A：<u>从你家到学校</u> <u>坐公共汽车</u>

要多长时间？

B：至少得<u>两</u>个小时。

从你家到公司	开车	半
从北京到上海	坐飞机	两
从上海到南京	坐火车	五

（4）A：<u>这件衣服</u> <u>看起来</u>怎么样？

B：<u>看</u>起来很<u>漂亮</u>。

这首歌	听	美
这道菜	吃	香

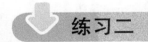 练习二

1. 同义词连线。

Draw lines between the synonyms from these two columns of words.

（1）尤其   a 最少

（2）居然   b 一般

（3）普通   c 光

（4）只   d 认为

（5）觉得   e 知识

（6）至少   f 竟然

（7）学问   g 特别

2. 选词填空。

Choose the correct word to fill in the blanks.

绝对　　一定

（1）这件事＿＿＿＿＿不能告诉她。

（2）明天我不＿＿＿＿＿有时间。

（3）你说的话我＿＿＿＿＿相信。

（4）这事儿＿＿＿＿＿不可能。

给　　替

（1）你见到王经理，＿＿＿＿＿我问个好。

（2）你＿＿＿＿＿我们唱个歌吧。

（3）我是医生，＿＿＿＿＿病人看病是我的工作。

（4）我看6号不行了，快让8号把他＿＿＿＿＿下来。

3. 给括号里的词选择一个合适的位置。

Choose the correct place in each sentence for the given words.

（1）A 机票的事儿 B，C 等我联系好了再告诉 D 你。（关于）

（2）A 世界 B 上没有 C 不可能 D 发生的事情。（绝对）

（3）A 已经 10 点了，B 你 C 还 D 在睡觉。（居然）

（4）A 你们大家，B 是小王，以后要 D 注意这方面的问题。（尤其）

（5）A 听了我的话，B 她 C 笑 D 了起来。（忍不住）

4. 组词成句。

Make a sentence by placing the given words in the correct order.

（1）林娜　替　我　让　买　她　点儿　苹果

（2）我 不 相信 绝对 她 会 做 这么 居然

（3）这件事 你 关于 还 什么 知道 一些

（4）至少 一个星期 我 要 路过 那个地方 两次

（5）好像 并 她 没有 生气

5. 根据例句改写下面的句子。

Rephrase these sentences according to the examples below.

例：现在的书虽然很贵，但是印刷得很漂亮。

→ 现在的书贵是贵，但是印刷得很漂亮。

郑教授家书房、客厅、两个卧室都有书，厨房和卫生间没有书。

→ 除了厨房和卫生间以外，郑教授家每个房间都有书。

（1）这件衣服虽然有点贵，但是的确很漂亮。

（2）那个地方的东西虽然很便宜，可是"便宜没好货"。

（3）张老师的普通话虽然很地道，但是有时候说得太快了。

（4）我星期一、星期二、星期四、星期五都要上课，星期三不上课。

（5）我们班只有林娜是东方人。

6. 用所给的词填空。

Fill in the blanks with the given words.

忍不住　绝对　居然　关于　亲眼　古代　关系

江山__1__没有想到，他和张林的篮球比赛__2__跟孔夫子有关。__3__孔子，江山只知道他是中国__4__最有学问的人，也是一个非常好的老师。所以他__5__要问张林，"孔夫子搬家"跟他们的篮球比赛有什么__6__。其实"孔夫子搬家——尽是书"是一句玩笑话，谁也没有__7__见过孔夫子搬家。

7. 用括号里的词把下面的句子翻译成中文。

Translate the following sentences into Chinese with the words included in the brackets.

（1）If there are any good books, buy one for me. （替）

（2）As to the matter of landed-immigration, you'd better go ask the Bureau of Immigration. （关于）

（3）She doesn't like to be teased by others. （跟）

（4）Bai Xiaohong has good pronunciation in Mandarin, so I would like to learn from her. （向）

（5）According to what we know, this matter has nothing to do with him. （跟）

Unit
9

1. 听力理解。

Listening comprehension.

根据听到的内容，选择正确的答案。

Listen to the conversations, then choose the correct answer to each question.

对话 A

（1）"讨厌"的意思是什么？

    A. 不喜欢   B. 喜欢   C. 不满意

（2）经常赌博的人不喜欢书是因为下面的哪个原因？

    A. 书上没有那方面的知识

    B. 他们太忙，没有时间看书

    C. "书"和"输"发音一样

对话 B

（1）女的买了多少牛奶？

    A. 一盒   B. 两盒   C. 三盒

（2）林娜去图书馆借什么书？

    A. 中文书   B. 关于中国的书   C. 关于牛奶的书

对话 C

（1）男的在向女的学习什么？

    A. 做菜   B. 说英语   C. 做汤

（2）女的打算什么时候教男的？

    A. 明天   B. 后天   C. 以后再决定

短文

（1）北方人喜欢的数字是什么？

　　A. 1、2、3　　　　B. 2、7、9　　　　C. 2、4、6、8

（2）最喜欢"8"的是哪里人？

　　A. 北京人　　　　B. 上海人　　　　C. 广东人

（3）喜欢或者不喜欢一个数字跟什么有关系？

　　A. 习惯　　　　B. 方言　　　　C. 爱好

2. 口语表达。
Oral practice.

（1）互相问答：你经常买书吗？你喜欢买哪方面的书，为什么？

Ask and answer the following questions with your classmates. Do you often buy books? What kind of books do you like to buy? Why?

（2）讨论：电子书会代替纸质书吗？

Talk about the rise of electronic books and their possibly replacing paper books.

3. 阅读理解。
Reading comprehension.

最早的书是用竹子做的，叫"竹简"。竹简很重，搬起来很不方便，有人就用丝帛代替竹简。可是那时候丝帛太贵了，一般的人用不起。怎么办呢？于是中国古代的科学家就发明了纸。纸被发明以后，书就变得普通了。

书是知识和文化的象征。没有书就没有知识，没有文化。因此，中国人不管是大学教授，还是普通工人，家里都有书。很多人家里还有专门的书房。

现在，书的印刷和包装越来越漂亮，可是价钱也越来越贵。很多人想进书店，可是又怕进书店。于是有人开始喜欢上了"电子书"，还有人喜欢上网看书。可是不久他们就发现，在电脑上看书不太方便，时间长了，眼睛也不舒服。更重要的是，感觉完全不一样。后来人们发明了"电纸书"，用这种电子阅读器不伤眼睛，看起来和纸质书的效果一样。

补充词语：

Supplementary words:

（1）竹简	zhújiǎn	bamboo slip (used as a writing medium in ancient times)
（2）丝帛	sībó	silk cloth
（3）代替	dàitì	to substitute, to replace
（4）科学家	kēxuéjiā	scientist
（5）不管	bùguǎn	no matter (what, how, etc.) regardless of
（6）专门	zhuānmén	special
（7）电纸书	diànzhǐshū	e-ink reader
（8）电子阅读器	diànzǐ yuèdúqì	electronic reading device

根据短文的内容，判断下面的说法是否正确。

Decide whether these statements are true or false according to the passage above.

（1）有人用丝帛代替竹简是因为丝帛比竹简漂亮。 （　　）

（2）发明了纸以后，普通人也买得起书了。 （　　）

（3）有些人家里摆上书是担心别人觉得他没有文化。 （　　）

（4）"电纸书"也是用纸做的。 　　　　　　　　　　　　（　　）

（5）有些人觉得在电脑上看书没有看书的感觉。 　　　　　（　　）

4. 写作。
Writing exercise.

写一个由于同音词造成的误会。

Write about an incident which resulted from a misunderstanding of homonyms.

Making Thread-bound Books

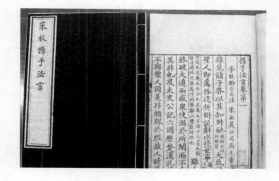

In ancient China, books were made by sewing pieces of paper with cotton thread since modern binding technology hadn't been invented. Books made in this way look elegant and refined and are also environment-friendly. There are a variety of methods of binding books with thread, and if you make thread-bound books, an exquisite technique is required. Well-designed thread-bound books can be considered artistic works.

Use thread, needle and paper to make a simple thread-bound book with the help of your teacher or online textbook.

Unit
9

Unit 10

勤 工 俭 学

Part-time Work and
Part-time Study

 练习一

1. 朗读下列词语。
Read aloud the following words and phrases.

学生活动	课堂活动	体育活动	社会活动
反正要去	反正不去	反正都一样	反正不是我的
招聘助理	招聘服务员	招聘司机	招聘教师
解决户口	解决问题	解决住房	解决方法
性感	幸福感	责任感	安全感
随手	随手关门	随口	随口说的

2. 替换对话。
Substitution drills.

（1）A：干脆一起去看<u>足球比赛</u>吧。

　　B：去就去，<u>反正我这会儿也没事儿</u>。

喝一杯	明天也不上课
打牌	我有的是时间
踢足球	我也要锻炼身体

（2）A：咱们明天一起去书店吧。

　　　B：行啊。明天什么时候？在哪儿见面？

　　　A：明天9点，咱们在学校门口见面，

　　　　不见不散。

　　　B：不见不散。

参观故宫	故宫
看电影	电影院
爬山	香山公园

（3）A：不用给他打电话了吧？

　　　B：还是打一个比较好。

写名字	写上
带照相机	带上
穿得那么讲究	穿得庄重一点

 练习二

1. 选词填空。

Choose the correct word to fill in the blanks.

随时　　随手　　随口　　随便

（1）不要＿＿＿＿丢垃圾。

（2）面试的时候，还是要穿得庄重一些，不能太＿＿＿＿。

（3）你有问题＿＿＿＿给我打电话。

（4）你最好仔细想一想，不要＿＿＿＿乱说。

2. 给括号里的词选择一个合适的位置。

Choose the correct place in each sentence for the given words.

（1）我 A 非常 B 可以 C 找到一个 D 好工作。（自信）

（2）A 在家也 B 没事，C 一起 D 去看电影吧。（反正）

（3）A 反正也 B 累了，C 早点儿 D 睡觉吧。（干脆）

（4）她 A 每天 B 了以后才愿意 C 出门 D。（化妆）

（5）A 我 B 认为 C 给他打个电话 D 比较好。（还是）

3. 组词成句。
Make a sentence by placing the given words in the correct order.

（1）我 对 自信 有 大学 考上

（2）老王 四十岁 才 就 当爷爷 了

（3）昨天晚上 饭 没 吃 也 就 我 睡觉 了

（4）他 四十多 岁 今年 都 了

（5）外国人 又 没 不是 见过 我

4. 根据例句改写下面的句子。
Rephrase these sentences according to the examples below.

例：才 12 点，还早呢。→ 都 12 点了，还早啊？

我早上 8 点钟就起床了。→ 我早上 8 点钟才起床。

（1）他今年才 35 岁，还年轻着呢。

（2）比赛才开始半个小时。

（3）我昨天 12 点才睡觉。

（4）他们走了以后，我就走了。

（5）都 11 点了，他们才来。

5. 用所给的词填空。

Fill in the blanks with the given words.

回答　就　庄重　都　干脆　成功　满意　性感

现在大学生找工作难，钱平平__1__毕业好几个月了，还没有找到__2__的工作。所以对于这次面试，她非常重视。前一天晚上准备面试一直到深夜，躺在床上怎么也睡不着，还想着第二天怎么__3__面试官的问题。她觉得这份工作很适合她，所以自己一定要__4__。睡了一会儿，才早上五点半__5__醒了，怎么也睡不着了。钱平平想，__6__早点起来吧，看看今天穿什么衣服去面试。她觉得既不能太普通又不能太__7__，想了半天，最后还是选了一件__8__一些的套装。

6. 用括号里的词或句式把下面的句子翻译成中文。

Translate the following sentences into Chinese with the words and patterns included in the brackets.

（1）After an awful time at several malls, I finally found a suitable dress for my mother.（才）

（2）Don't hesitate. You don't have anything to do at home anyway.（反正）

（3）I am not worried at all. What are you worrying about?（都）

（4）I simply do not believe that you can succeed in doing everything.（就）

（5）It is not time to sleep, it's not even 10:00 PM yet.（才）

Unit
10

（6）It has now been almost half a year since her graduation from university.

（都）

（7）One must leave a good first impression upon the first meeting.　（必须）

（8）I'm going out to look for a job, not to see my boyfriend.

（是……不是……）

 练习三

1. 听力理解。

Listening comprehension.

根据听到的内容，选择正确的答案。

Listen to the conversations, then choose the correct answer to each question.

对话 A

（1）女的本来不想去饭店吃饭，是因为什么？

    A. 怕花钱　　　　　B. 饭店太远　　　　　C. 今天天气很奇怪

（2）女的觉得老板平时怎么样？

    A. 很小气　　　　　B. 很大方　　　　　C. 很热情

对话 B

（1）女的今年多大了？

    A. 四十岁　　　　　B. 三十八九岁　　　　　C. 四十多岁

（2）男的今年多大了？

    A. 五十九岁   B. 六十岁   C. 六十一岁

对话 C

（1）火车几点开车？

    A. 6 点   B. 6 点半   C. 7 点

（2）女的担心什么？

    A. 路上车多   B. 路上人多   C. 火车太快

短文

（1）关于大学四年级的学生，下面哪个说法是正确的？

    A. 很多人身体不舒服，头疼

    B. 都想找一个好工作

    C. 想自己当老板

（2）关于找工作，下面哪个说法是不正确的？

    A. 都要面试

    B. 什么工作都很难找

    C. 竞争的人很多

（3）关于面试，下面哪个说法是正确的？

    A. 面试的人不正常

    B. 面试的人经常问一些跟工作没有关系的问题

    C. 面试的人有点让人受不了

Unit
10

2. 口语表达。
Oral practice.

找工作面试的时候应该怎么打扮？

Talk about how a person should dress for a job interview.

3. 阅读理解。
Reading comprehension.

以前中国的大学生不用自己找工作，也不能自己找工作。国家安排你做什么工作，你就得做什么工作。现在不一样了，国家不管了，全看你自己的本事。所以很多大学生从大三就开始找工作。

人人都希望找个好工作。什么是好工作呢？很多人认为工资高的工作就是好工作。当然如果工作还比较轻松，不太辛苦，那就更好了。

现在大学毕业生越来越多，找工作时的竞争也越来越激烈。面试时想要取得好的成绩，还要重视细节，比如自己的穿着打扮。在这方面，女大学生不要穿得太性感，最好穿职业套装，显得成熟庄重；男大学生一般穿西装，打领带。

补充词语：

Supplementary words:

（1）管　　　guǎn　　　take care of; to manage

（2）本事　　běnshi　　skill, ability, capability

（3）激烈　　jīliè　　　intense, fierce

（4）成绩　　chéngjì　　result

（5）打扮　　dǎban　　style of dress

根据短文内容，判断下面的说法是否正确。

Decide whether these statements are true or false according to the passage above.

（1）以前中国大学生很容易就能找到工作。 （   ）

（2）"全看你自己的本事"意思是你找什么样的工作跟国家没关系。

（   ）

（3）很多人觉得好工作的标准就是工资高不高。 （   ）

（4）面试时女大学生最好穿性感一些的衣服。 （   ）

4. 写作。
Writing exercise.

写一段话，谈谈你对工作的看法：什么样的工作是好工作？

Write a paragraph discussing your opinions about occupations, what is a good job?

Unit
10

Making a Resume

A brief resume with specific focal points is the first step to success in the job market. A resume often includes personal information, educational background, work experience, achievements and job intention. Resumes should not be too long, and one page is often enough.

Make a Chinese resume with the help of your teacher and ask your classmates to comment on it.

个人简历

个人资料

姓名:　　XXX (中文姓名: XXX)
性别:
出生日期: 19XX 年 X 月 X 日
地址:　　XX 市 XX 区 X 楼 X 单元 X 号
手机:　　13XXXXXXXX
Email:　　XXX@X.com

教育背景

2005 年 9 月至 2009 年 6 月　　　　北京语言大学汉语言专业　　　学士学位

工作经历

2011 年 1 月至 2014 年 10 月　　　XX 公司　　XX 职位
主要职责: 负责 XX 工作。

2010 年 11 月至 2011 年 12 月　　　XX 公司　　XX 职位
主要职责: 负责 XX 工作。

2009 年 6 月至 2010 年 10 月　　　XX 公司　　XX 职位
主要职责: 负责 XX 工作。

专业技能

语言能力:　　英语, 法语 (母语)
　　　　　　普通话:　HSK6 级
电脑能力:　　可熟练应用微软所有办公软件, 熟悉 Adobe PS, InDesign 等设计排版软件。

兴趣、爱好

打篮球, 游泳, 弹吉他, 组织演出活动

Unit 11

Yǒu Jiè Yǒu Huán
有借有还
I Borrow, I Return

 练习一

1. 朗读下列词语。
   Read aloud the following words and phrases.

一部分同学	大部分同学	大部分时间	几个部分
想法	看法	说法	做法
可笑	可爱	可气	可口
仔细看	仔细想	仔细听	仔细找
主要节目	主要课程	主要演员	主要对手
吃完饭再说	下课再说	去了再说	买了再说

2. 替换对话。
   Substitution drills.

（1）A：老师也不能进去吗？

B：不论是谁，都不能进去。

外国人	出去
记者	拍照
总统	坐

Unit 11

（2）A：还在<u>不高兴</u>啊？

　　　B：嗯。

　　　A：算了，事情已经过去了。再说，<u>这事本来跟你也没什么关系</u>。

不开心	不就是 100 块钱么
生气	这次不行还有下次
伤心	伤心也没有什么用，以后注意就行了

（3）A：你还是<u>多带点钱</u>吧，万一<u>看见什么喜欢的东西</u>呢？

带上雨伞	下雨
给公司打个电话	有什么事
去医院看看	有什么问题

　　　B：好吧，听你的。

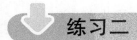 练习二

1. 选词填空。

Choose the correct word to fill in the blanks.

　　主要　　重要

（1）我这次来_____是想了解一下情况。

（2）这是一个很_____的问题。

（3）上海是中国最_____的城市之一。

（4）"打工太辛苦"是中国父母不愿意让孩子打工的一个_____原因。

　　了解　　理解

（1）中国人的一些想法西方人很难_____。

（2）我们是好朋友，对他的情况我比较_____。

（3）如果你想_____中国历史，你应该去西安。

（4）他这样做一定有他的道理，希望你能_____他。

2. 给括号里的词选择一个合适的位置。
Choose the correct place in each sentence for the given words.

（1）只有选一个好专业，A 将来 B 能 C 找到 D 好工作。（才）

（2）只要打个电话，A 他们 B 会把飞机票 C 给你 D 送来。（就）

（3）A 不管什么时候 B 来，C 我 D 欢迎。（都）

（4）即使你自己 A 不想移民，B 要 C 替你女朋友 D 想想。（也）

（5）虽然我 A 很想跟他们一起去，B 可我 C 一直 D 没有时间。（却）

3. 组词成句。
Make a sentence by placing the given words in the correct order.

（1）你　再说　的　事儿　以后

（2）移民局　万一　不　怎么办　批准

（3）我　这件事　觉得　不　并　可笑

（4）这　是　仅仅　不　钱　问题　的

（5）你　好好　这　段　利用　时间　应该

Unit
11

4. 根据例句改写下面的句子。

Rephrase these sentences according to the examples below.

例：你只要到了十八岁，就可以独立。

→ 你只有到了十八岁，才能独立。

只有在经济上独立了，你才能真正地独立。

→ 只要在经济上独立了，你就能真正地独立。

如果大学毕业以后找不到好工作怎么办？

→ 万一大学毕业后找不到好工作怎么办？

（1）你只要打电话告诉他们，他们就会给你送来。

（2）只要多说，你的口语水平就会有进步。

（3）只有认真学习，你才能学会。

（4）只有学好了英语，你才能找到一个好工作。

（5）如果护照丢了怎么办？

（6）要是他拒绝了怎么办？

5. 用所给的词填空。

Fill in the blanks with the given words.

想法　仔细　理解　即使　既然　挣　不论　辛苦

西方人很难＿＿1＿＿中国的家庭关系。在中国，＿＿2＿＿孩子过没过十八岁，只要还在上学，都可以伸手向父母要钱，很少想到去自己打工＿＿3＿＿钱。父母也很少想到让孩子去打工，特别是女孩儿，因为打工太＿＿4＿＿了。

很多中国父母认为，自己的钱就是孩子的钱。＿＿5＿＿孩子已经结婚了，在父母面前也还是孩子。自己挣钱就是给孩子花的。＿＿6＿＿自己还有办法挣钱，为什么要让孩子去打工呢？＿＿7＿＿想想，这种＿＿8＿＿也有道理。

6. 用括号里的关联词把下面的句子翻译成中文。

Translate the following sentences into Chinese with the conjunctives included in the brackets.

（1）As long as you dare to go, I will dare to go.（只要……就……）

（2）Only if the customer feels satisfied will they come back the next time.

（只有……才……）

（3）Even if（it means）I don't get to sleep tonight, I am going to finish doing my homework.（哪怕……也……）

（4）Regardless of whether one is an adult or a child, every person must buy a ticket to travel by plane.（不论……都……）

（5）Since you are not satisfied, don't buy it.（既然……就……）

练习三

1. 听力理解。

Listening comprehension.

根据听到的内容，选择正确的答案。

Listen to the conversations, then choose the correct answer to each question.

对话 A

（1）女的可能是什么人?

　　A. 中学生　　　　　　B. 大学生　　　　　　C. 大学毕业生

（2）男的和女的可能是什么关系？

    A. 爸爸和女儿   B. 哥哥和妹妹   C. 老师和学生

对话 B

（1）儿子要钱是为了给谁买礼物？

    A. 女朋友   B. 好朋友   C. 同学

（2）妈妈不满意儿子什么？

    A. 不赚钱   B. 随便花钱   C. 经常要钱

对话 C

（1）女的给几个学生当家庭教师？

    A. 一个   B. 两个   C. 三个

（2）女的可能是什么人？

    A. 大学生   B. 大学老师   C. 中学老师

短文

（1）根据这段话，中国大学生很少打工有几个原因？

    A. 一个   B. 两个   C. 三个

（2）在饭店打工的人一个小时能挣多少钱？

    A. 六元   B. 八元   C. 十元

（3）关于中国大学生平时不打工的原因，哪一条是这段话没有说到的？

    A. 打工挣的钱太少

    B. 打工太辛苦

    C. 他们可以打工的时间比较少

（4）下面哪个说法是正确的？

    A. 除了假期，中国的大学生都不愿意打工

    B. 中国老板没有请"小时工"的习惯

    C. 大学生平时学习很忙，根本没有时间打工

2. 口语表达。
Oral practice.

（1）你跟父母"借"钱还是"要"钱？

Do you "take" or "borrow" money from your parents?

（2）讨论：大学生花父母的钱，将来要不要"还"？

Talk about if university students should pay back the money that their parents have spent on them?

3. 阅读理解。
Reading comprehension.

    小张是从农村来的，他父母每个月只能给他寄400块钱。可是在北京，这点儿钱连生活费都不够，怎么办呢？

    他想到了打工。可是看看周围的同学，打工的还真不多。有些同学每个月花的钱是他的几倍，可是他们根本不考虑钱的问题。他们花多少父母就寄多少。没办法，谁让人家有好爸爸、好妈妈呢？

    也有像他一样从农村来的，但是他们也不愿意打工。理由是打工太辛苦了，工资又很低，再说还影响学习。没钱怎么办？向国家申请助学贷款啊，现在贷款，工作的时候再慢慢还，在校期间贷款利息由国家出，到哪儿找这么好的事儿？

Unit
11

申请助学贷款好处真不少。可是小张还是有些犹豫。不怕一万，就怕万一，要是毕业以后找不到好工作，还不起贷款怎么办？还是辛苦点，去打工吧。

补充词语：

Supplementary words:

（1）周围　　　zhōuwéi　　　around

（2）倍　　　　bèi　　　　　times (multiplication)

（3）考虑　　　kǎolǜ　　　　to consider; think sth. over

（4）理由　　　lǐyóu　　　　reason

（5）影响　　　yǐngxiǎng　　to influence, to affect

（6）利息　　　lìxī　　　　　interest

根据短文内容，判断下面的说法是否正确。

Decide whether these statements are true or false according to the passage above.

（1）在北京，大学生每个月的生活费只需要 400 块钱。　　　　（　　）

（2）有些同学不打工是因为他们的爸爸妈妈对他们很好。　（　　）

（3）不打工的同学父母都很有钱。　　　　　　　　　　　　（　　）

（4）自己不用出利息的贷款是哪儿也找不到的事情。　　　　（　　）

（5）小张最后决定去打工，原因之一是担心将来还不起贷款。（　　）

4. 写作。

Writing exercise.

写一段话，内容是关于你第一次打工的经历。

Write a paragraph about your first part-time job.

 练习四

Personal Account Book

For most college students, their expenditures mainly cover tuition fees and living expenses, while their incomes are mainly funded by their parents, scholarships or earnings from part-time jobs. Economic independence provides us a basis of living independently. So let's learn to take charge of our economic activities by making a personal account to record our expenditures and revenue in a semester so as to learn to live an economically viable life.

日期	支出							收入			
2015年	餐饮零食	服饰装扮	交通通信	文化娱乐	偿还贷款	其他开支	合计	工资	奖金	其他	合计
1月											
2月											
3月											
4月											
5月											
6月											
7月											
8月											
9月											
10月											
11月											
12月											
合计											

Unit 11

Unit 12 | Jiérì Kuàilè 节日 快乐
Have a Happy Holiday!

 练习一

1. 朗读下列词语。
Read aloud the following words and phrases.

过年	过节	过生日	过假期
对于我来说	对于公司来说	对于西方人来说	对于动物来说
算不上流利	算不上贵重	算不上漂亮	算不上有钱人
五颜六色	五湖四海	三朋四友	三心二意
某年	某月	某一天	某市
某校	某地	某某人	张某（某）

2. 替换对话。
Substitution drills.

（1）A：你<u>最喜欢西方的什么</u>？

B：对于我来说，<u>这个是一个很难回答的问题</u>。

觉得什么是幸福	能做自己想做的事就是一种幸福
觉得语法难还是发音难	汉字最难
觉得这个是不是最好的	没有最好，只有更好

（2）A：<u>年轻人</u>为什么喜欢过情人节？

B：在我看来，最主要的原因是<u>可以让爱情变得浪漫一些</u>。

孩子们	圣诞节	可以得到礼物
女孩子	红玫瑰	红玫瑰象征着爱情
中国人过节	吃	中国悠久的祭祀(jìsì)文化

（3）A：<u>母亲节</u>快到了，该买些<u>礼物给妈妈</u>了。

B：是啊。可是买什么好呢？

A：<u>丝巾、香水</u>什么的，都可以呀。

父亲节	爸爸	烟啊、酒啊
圣诞节	孩子	玩具、巧克力
情人节	男朋友	衬衫、领带

 练习二

1. 反义词连线。

Draw lines between the antonyms from these two columns of words.

（1）至少   a 赢

（2）主人   b 随便

（3）输   c 最多

（4）仔细   d 便宜

（5）少数   e 拒绝

（6）贵重   f 客人

（7）接受   g 多数

Unit
12

2. 选词填空。

Choose the correct word to fill in the blanks.

对于　　关于

（1）_____有些人来说，钱比爱情重要得多。

（2）_____这个问题，你干脆自己去问老板吧。

（3）我听过很多_____狗和主人的故事。

（4）_____朋友，我觉得应该多一些理解。

对于　　对

（1）他们_____我都很热情。

（2）_____西方人来说，汉字是最难的。

（3）同学们_____这个问题都很感兴趣。

（4）这些话绝对不能_____林娜说。

3. 给括号里的词选择一个合适的位置。

Choose the correct place in each sentence for the given words.

（1）我 A 到北京留学 B 是 C 想 D 学习地道的北京话。（主要）

（2）西方 A 节日 B 年轻人最喜欢 C 是圣诞节和情人节 D。（的）

（3）A 有了钱，B 又有了时间，C 会想起来 D 去旅游了。（就）

（4）他的 A 话让 B 人听起来觉得 C 有些 D 不舒服。（多少）

（5）A 其实 B 没有什么，C 不 D 就是丢了 100 块钱吗？（也）

4. 组词成句。

Make a sentence by placing the given words in the correct order.

（1）他　不　最好的朋友　就　相信　连　也　了

（2）人　他的话　听了　使　很　不　舒服

（3）10万　数目　大　其实　算不上

（4）吃　总是　没　意思　也　什么

（5）我　主要　来　今天　是　想　情况　了解

5. 根据例句改写下面的句子。
Rephrase these sentences according to the example below.

例：对于我来说，干什么工作都没关系。

→ 干什么工作对于我来说都没关系。

（1）对于学生来说，学习是主要的任务。

（2）对于我来说，这点钱算不上什么。

（3）在他看来，幸福就是能和自己喜欢的人结婚。

（4）在西方人看来，东方人的很多想法都是很奇怪的。

（5）在老板们看来，节日只是一个赚钱的好机会。

6. 用所给的词填空。
Fill in the blanks with the given words.

方式　传统　流行　好奇　浪漫　贵重　五颜六色

世界越来越小，节日却越来越多。现在，除了自己的 __1__ 节日以外，中国人还要过外国的节日。年轻人比较 __2__ ，在他们看来，圣诞节和情人节显得非常 __3__ 。年纪大一些的人，特别是儿子女儿都已经长大了的父亲母亲们，也觉得在节日里收到孩子的礼物是非常开心的事。虽然礼物可能并不__4__，但这种过节的__5__让人感动。

当然，最开心的还是那些大大小小的老板们。什么节日什么时候过，今年过节__6__送什么礼物，商店门口、街道旁边__7__的广告上早就写得清清楚楚，生怕你忘记了。

7. 用括号里的词或句式把下面的句子翻译成中文。

Translate the following sentences into Chinese with the words and patterns included in the brackets.

（1）As far as young people are concerned, Valentine's Day is the most romantic holiday.（对于……来说）

（2）In children's eyes, there certainly is a Santa Claus in this world.

（在……看来）

（3）I waited for a long time, but they didn't come, so I went by myself.

（于是）

（4）Presents for mothers are generally small gifts, such as silk scarves, flowers, etc.（比如）

（5）When a holiday draws near, many people go to buy presents. Consequently, this makes store owners very happy.（这样一来）

1. 听力理解。

Listening comprehension.

根据听到的内容，选择正确的答案。

Listen to the conversations, then choose the correct answer to each question.

对话 A

（1）女的去哪儿了？

A. 苏州　　　　　　　B. 杭州　　　　　　　C. 饭店

（2）女的觉得西湖怎么样？

A. 东西太贵　　　　　B. 饺子不好吃　　　　C. 人太多

对话 B

（1）下面哪一个不是男的不愿意去旅游的原因？

A. 没有钱　　　　　　B. 人太多　　　　　　C. 买不到飞机票

（2）男的和女的可能是什么关系？

A. 情人　　　　　　　B. 老同学　　　　　　C. 老朋友

对话 C

（1）男的和女的可能是什么关系？

A. 男朋友和女朋友　　B. 丈夫和妻子　　　　C. 哥哥和妹妹

（2）他们准备买礼物给谁？

A. 女人的妈妈　　　　B. 男人的妈妈　　　　C. 两个人的妈妈

Unit
12

短文

（1）中国人为什么喜欢看山？

    A. 中国的山很少

    B. 中国的山很漂亮

    C. 中国人觉得旅游就是"游山玩水"

（2）根据短文，中国非常有名的山有几座？

    A. 1 座   B. 5 座   C. 6 座

（3）看过黄山以后，为什么连五岳也不想看了？

    A. 黄山是中国最漂亮的山

    B. 黄山比五岳高得多

    C. 五岳没有意思

（4）"上有天堂，下有苏杭"的"苏杭"是哪两个地方？

    A. 江苏和杭州   B. 苏州和广州   C. 苏州和杭州

2. 口语表达。
Oral practice.

你们国家有哪些重要的节日？你最喜欢的是哪个？为什么？

What are the major holidays in your country? Which one do you like most? Why?

3. 阅读理解。
Reading comprehension.

    很多人喜欢过节的原因是，节日其实是一个机会，一个差不多每个人都有的机会。情人节主要是属于情侣们的。没说过"我爱你"的可以在这个时候说；说过了的呢，送上 999 朵玫瑰，她就更爱你了。即使前一天刚说过也不要紧，没有人在这一天会觉得你啰唆。儿童节呢，当然是属于孩子们的。唱歌、跳舞、收礼物，没有比这更开心的时候了。

　　春节、五一、十一就不用说了，那是全中国人的机会。想休息的，利用这段时间好好放松放松；想看亲戚的，买点礼物，说上几句祝福的话；想找朋友聊天的，打个电话，发个电子邮件，一起到酒吧、咖啡馆坐坐，吹吹牛；想一家人出去旅游的，买好机票，爱去哪儿就去哪儿。反正不用工作，连手机也可以关掉。

补充词语：

Supplementary words:

（1）	机会	jīhuì	opportunity, chance
（2）	属于	shǔyú	belong to
（3）	不要紧	bú yàojǐn	it doesn't matter; it will be all right
（4）	啰唆	luōsuo	long-winded, wordy
（5）	放松	fàngsōng	to relax
（6）	祝福	zhùfú	blessing
（7）	吹牛	chuīniú	to brag, to boast
（8）	手机	shǒujī	cellular phone

根据短文内容，判断下面的说法是否正确。

Decide whether these statements are true or false according to the passage above.

（1）很多人喜欢节日是因为可以在节日里表达爱情。　　　　　　（　　　）

（2）孩子们喜欢儿童节是因为那是孩子们自己的节日。　　　　　（　　　）

Unit
12

（3）除了儿童节，孩子们没有开心的时候。　　　　（　　）

（4）过节的时候，去酒吧主要是为了喝酒。　　　　（　　）

4. 写作。

Writing exercise.

写一段话，内容是关于你小时候过圣诞节的事。

Write a paragraph about your childhood memories of Christmas celebrations.

练习四

Decorating the Classroom

Choose a festival as a theme to decorate your classroom, such as Spring Festival, Dragon Boat Festival, Father's Day or Christmas. Take Spring Festival for example, paper cutouts, Chinese knots, the character 福, and antithetical couplets are often used to decorate houses during this festival. Teachers can give students instructions on how to cut paper, make Chinese knots, write antithetical couplets and decorate the classroom.

Lìànxí Cānkǎo Dá'àn

练习参考答案
Key to Exercises

Unit 1　一片红叶

练习二

1. 辨字组词：

(1) 摘花／红叶　(2) 捧着　手捧　(3) 打工／电话　(4) 换车／人　(5) 推人／自行车

(6) 拍照　(7) 接朋友　(8) 撞车／人

2. 写出下面词语的反义词：

(1) 坏　(2) 难看　(3) 难听　(4) 难吃　(5) 难学　(6) 难办

3. 选词填空：

(1) 会　(2) 会　(3) 能　(4) 能　(5) 能　(6) 会／能

4. 给括号里的词选择一个合适的位置：

(1) A　(2) C　(3) B　(4) C　(5) B

5. 组词成句：

(1) 我一共去过 10 个国家。

(2) 我一共学过 800 个生词。

(3) 他／我从来不把我／他当朋友。

(4) 陈静是我唯一的中国朋友。

(5) 看上去今天可能不会下雨。

6. 用"是……的"改写下面的句子：

(1) 我是不怕她们笑话的。

(2) 这么大的事情，我是不会忘的。

(3) 我觉得这种东西是不能当作生日礼物送人的。

(4) 总统是很忙的。

(5) 北京的夏天是很热的。

(6) 我是从来不喝咖啡的。

7. 用所给的词填空：

(1) 唯一　(2) 象征　(3) 把　(4) 觉得　(5) 下来　(6) 好看　(7) 书签　(8) 像

(9) 住　（10）只

8. 用括号里的词或句式把下面的句子翻译成中文：

(1) 她看上去不像一个老师。

(2) 我觉得爱情比钱更重要。

(3) 陈静生病了，难怪她今天没来上课。

(4) 我的空调坏了，你能把它修好吗？

(5) 这种小气的男人，我是不会喜欢的。

(6) 他从来不把我当朋友。

练习三

1. 听力理解：

对话　(1) B　(2) C　(3) B　(4) A　(5) C

短文　(1) C　(2) A　(3) C　(4) B　(5) C

3. 阅读理解：

(1) F　(2) F　(3) F　(4) F　(5) T

Unit 2　花心萝卜

练习二

1. 反义词连线：

(1) — e　(2) — d　(3) — a　(4) — b　(5) — c　(6) — g　(7) — j　(8) — i

(9) — h　(10) — f

2. 选词填空：

(1) 将来／以后　(2) 以后　(3) 将来／以后　(4) 以后

3. 给括号里的词选择一个合适的位置：

(1) B (2) B (3) A (4) C (5) C

4. 组词成句：

(1) 你们什么时候去都可以。

(2) 你们谁去都可以／谁都可以去。

(3) 她们谁也不会相信我／她们谁我也不会相信。

(4) 你想什么时候去就什么时候去。

(5) 你想去哪儿就去哪儿。

(6) 你想给谁打电话就给谁打电话。

5. 用所给的词填空：

(1) 本来 (2) 表演 (3) 主角 (4) 聪明 (5) 夸 (6) 将来 (7) 竟然

6. 用括号里的词或句式把下面的句子翻译成中文：

(1) 谁也不知道这件事是什么时候发生的。

(2) 谁也没想到这孩子最后抓的竟然是口红。

(3) 将来的事情，谁也说不清楚。

(4) 你把玩具放在孩子面前，他喜欢什么就会拿什么。

(5) 我本来不知道这件事，是陈静告诉我的。

练习三

1. 听力理解：

　　对话　(1) A　(2) B　(3) B　(4) C　(5) A

　　短文　(1) C　(2) A　(3) B　(4) D　(5) D

3. 阅读理解：

(1) T　(2) F　(3) F　(4) F　(5) F

练习二

1. 在横线上填写恰当的名词：

(1) 问题　(2) 礼物　(3) 原因　(4) 情况　(5) 中国菜　(6) 男朋友

2. 选词填空：

"说不定 / 不一定"：(1) 不一定　(2) 不一定 / 说不定　(3) 说不定　(4) 说不定

"可能 / 也许"：(1) 可能 / 也许　(2) 可能　(3) 可能　(4) 可能

3. 给括号里的词选择一个合适的位置：

(1) B　(2) B　(3) A　(4) A　(5) C

4. 组词成句：

(1) 这个问题的原因其实很简单。

(2) 我以前学的是日语。／我以前是学日语的。

(3) 很多人是从亚洲移民过来的。

(4) 你写的字别人能看清楚就行了。／别人能看清楚你写的字就行了。

(5) 我想请你把那个包拿下来。

5. 用括号里的句式改写句子：

(1) 江山一边吃饭，一边看电视。

(2) 他既会说英语，又会说法语。

(3) 陈静的侄儿又活泼又聪明。

(4) 夏天快来了，天气越来越热。

(5) 她连她侄儿叫什么名字都不知道。

6. 用所给的词填空：

(1) 提出　(2) 觉得　(3) 帮忙　(4) 标准　(5) 基本　(6) 正常　(7) 其实　(8) 过不去

7. 用括号里的句式把下面的句子翻译成中文：

(1) 我喜欢一边喝啤酒，一边看足球比赛。

(2) 坐飞机又快又舒服。

(3) 我既没去过北京，也没去过上海，我只去过西安。

(4) 看的人越多，他们表演得越起劲。

(5) 你怎么连这么简单的问题都不懂？

练习三

1. 听力理解：

    对话   (1) B (2) B (3) C (4) C (5) B

    短文   (1) B (2) B (3) A (4) C (5) B

3. 阅读理解：

(1) F   (2) T   (3) F   (4) F   (5) F   (6) T

Unit 4　各有所爱

练习二

1. 同义词／近义词连线：

(1)—d (2)—c (3)—a (4)—b (5)—e

2. 选词填空：

(1) 原来 (2) 原来／本来 (3) 本来 (4) 原来

3. 给括号里的词选择一个合适的位置：

(1) A (2) A (3) A (4) B (5) B

4. 组词成句：

(1) 为了完成作业，我昨天晚上差不多没睡觉。

(2) 只要有时间我就去上网。／我只要有时间就去上网。

(3) 不管什么时候你都可以给我打电话。／你不管什么时候都可以给我打电话。

(4) 我原来经常打乒乓球。／原来我经常打乒乓球。

(5) 难道你不明白我的意思吗？／你难道不明白我的意思吗？／我的意思你难道不明

    白吗？

5. 根据例句改写下面的句子：

(1) 这件事我已经告诉过你了。

(2) 这么多作业，一个小时不可能做完。

(3) 他一定要去，我没有办法。

(4) 乒乓球是中国的"国球"，我当然喜欢。

(5) 这没有什么（好）奇怪的。

6. 用所给的词填空：

(1) 爱好　(2) 不管　(3) 只要　(4) 比如　(5) 带劲　(6) 水平　(7) 发明　(8) 偶尔

(9) 普通

7. 用括号里的词或句式把下面的句子翻译成中文：

(1) 难道你对这件事也一无所知？

(2) 难道张老师今天不来了？

(3) 我不是已经告诉过你了吗？我不喜欢踢足球。

(4) 这种电影有什么好看的？

(5) 他是我最好的朋友，他喜欢什么我能不知道吗？

练习三

1. 听力理解：

　　对话　(1) A　(2) B　(3) A　(4) C　(5) B

　　短文　(1) C　(2) B　(3) B

3. 阅读理解：

(1) T　(2) T　(3) F　(4) T　(5) T

Unit 5　找不着北

练习二

1. 选词填空：

"实在／的确"：(1) 实在／的确　(2) 实在　(3) 的确　(4) 的确

"特殊／特别"：(1) 特殊／特别　(2) 特别　(3) 特殊／特别　(4) 特别

2. 给括号里的词选择一个合适的位置：

(1) B　(2) B　(3) D　(4) C　(5) B

3. 组词成句：

(1) 杰克准备下个星期去中国旅行。／下个星期杰克准备去中国旅行。／杰克下个星期准备去中国旅行。

(2) 我得回去收拾行李了。

(3) 这种词典现在买不着了。

(4) 你吃得了这么多吗?

(5) 这件事跟我的确没关系。／这件事的确跟我没关系。

4. 根据例句改写下面的句子：

(1) 在西安买东西没有在北京方便。

(2) 中国的环境没有加拿大的好。

(3) 不下雨我就去。

(4) 你不打算用就别带。／不打算用你就别带。

(5) 我有的是时间。／时间我有的是。

(6) 我在北京有的是朋友。

5. 用所给的词填空：

(1) 收拾　(2) 了　(3) 有些　(4) 着　(5) 了解　(6) 发达　(7) 准备

6. 用括号里的词把下面的句子翻译成中文：

(1) 要真正了解一个人是很难的。

(2) 自从中学毕业以后，我们就没有再见过面。

(3) 很多人，包括我自己，都不太了解中国。

(4) 除非有特殊的原因，他才会拒绝帮助你。

(5) 不好意思，我实在吃不了了。

练习三

1. 听力理解：

　　对话 A　(1) B　(2) A

　　对话 B　(1) C　(2) B

　　对话 C　(1) A　(2) C

　　短文　　(1) C　(2) B　(3) B　(4) C

3. 阅读理解：

(1) F　(2) F　(3) F　(4) T　(5) F

Unit 6　保持联系

练习二

1. 用恰当的量词填空：

(1) 支　(2) 件　(3) 颗　(4) 支　(5) 盒／颗／块　(6) 个／种　(7) 张　(8) 支

(9) 种／个

2. 选词填空：

"几乎／差点儿"：(1) 几乎　(2) 几乎　(3) 几乎　(4) 几乎／差点儿

"几乎／差不多"：(1) 几乎　(2) 差不多　(3) 几乎　(4) 几乎／差不多

3. 给括号里的词选择一个合适的位置：

(1) B　(2) B　(3) A　(4) D　(5) C

4. 组词成句：

(1) 我前天去这里最大的超市看了看。

(2) 最让我吃惊的是这儿的环境。

(3) 你知道全中国有多少人口吗？

(4) 你不用为她担心。

(5) 我每天要看两个小时左右电视。

5. 根据例句改写下面的句子：

(1) 我每天晚上都要看看电视，学学英语。

(2) 睡觉以前我总是要看看书，听听音乐。

(3) 张老师看上去有三十五岁左右。

(4) 我们班的同学都是二十岁左右。

(5) 我的电话卡还可以打二十来分钟电话。

(6) 那个孩子只有十来岁。

6.用所给的词填空：

(1) 方面　(2) 明显　(3) 大约　(4) 其中　(5) 顾客　(6) 赚　(7) 耐心

7.用括号里的词或句式把下面的句子翻译成中文：

(1) 你需要运动。有时间的话，一起去打打球，游游泳吧。

(2) 我正想和你聊聊这方面的问题呢。

(3) 从这儿到火车站不远，坐公共汽车十来分钟就到了。

(4) 上海市区有2300多万人，其中大约十分之一的人不会说上海话。

(5) 在中国，百分之九十左右的中学生都把英语当作自己的外语。

练习三

1.听力理解：

对话 A　(1) B　(2) B　(3) C　(4) C

对话 B　(1) C　(2) A　(3) B

对话 C　(1) B　(2) B　(3) C

3.阅读理解：

(1) F　(2) T　(3) F　(4) F

Unit 7　天下一家

练习二

1.同义词连线：

(1)—g　(2)—c　(3)—b　(4)—d　(5)—f　(6)—e　(7)—a

2.选词填空：

"一般／普通"：(1) 一般　(2) 普通　(3) 一般　(4) 普通

"光／只"：(1) 只　(2) 光／只　(3) 光　(4) 光

"有些／有点儿"：(1) 有些　(2) 有点儿／有些　(3) 有点儿　(4) 有些

3.给括号里的词选择一个合适的位置：

(1) C　(2) B　(3) C　(4) A　(5) C

4. 组词成句：

(1) 你听出来我是哪里人了吗？／我是哪里人你听出来了吗？

(2) 他的名字我现在想不起来了。

(3) 我实在学不下去了。

(4) 睡觉以前不要忘记关上空调。

(5) 这件事不能怪陈静。

5. 用"非……不可"改写下面的句子：

(1) 睡觉以前，我非把今天的作业做完不可。

(2) 他非要这么做不可，我们也没有办法。

(3) 你如果把我当朋友，这杯酒你非喝不可。

(4) 我把妈妈的衣服弄脏了，妈妈回来非骂我不可。

(5) 林娜要是知道了这件事，非气死不可。

6. 用所给的词填空：

(1) 决定　(2) 讲究　(3) 像　(4) 坚持　(5) 玩笑　(6) 名人　(7) 去世

7. 用括号里的词或句式把下面的句子翻译成中文：

(1) 她的普通话只有一点儿口音，不注意的话根本听不出来。

(2) 我一定要坚持下去。

(3) 除了杰克，我们都没去过中国。

(4) 根据张老师的介绍，中国有很多同名同姓的人。

(5) 这件事不能怪别人，只能怪你自己不小心。

练习三

1. 听力理解：

　　对话 A　(1) B　(2) C

　　对话 B　(1) A　(2) B

　　对话 C　(1) C　(2) B

　　短文　　(1) C　(2) B　(3) B　(4) C

3. 阅读理解：

(1) F　(2) F　(3) F　(4) F　(5) T

练习二

1. 辨字组词：

（1）跑步　（2）跳舞　（3）踢足球　（4）路过

（5）愿意　（6）想念　（7）忽然　（8）感动／感觉

（9）表达　（10）知道　（11）普通　（12）球迷

（13）问题　（14）一颗心　（15）顺口　（16）预报

2. 选词填空：

(1) 以后　(2) 后来　(3) 以后　(4) 以后

3. 给括号里的词选择一个合适的位置：

(1) C　(2) C　(3) C　(4) A　(5) D

4. 组词成句：

(1) 你应该按照老师告诉你的办法去做。

(2) 林娜被男朋友给气哭了。

(3) 酒让他们给喝完了。

(4) 她只吃了一口就说不好吃。

(5) 当时有很多人在看热闹。

5. 根据例句改写下面的句子：

(1) 有个小伙子从前面走过来了。

(2) 有片树叶从树上掉下来了。

(3) 有个姑娘在沙发上坐着。

(4) 许仙的行为把两位姑娘感动了。

(5) 昨天晚上汽车把他给撞伤了。

6. 用所给的词填空：

(1) 醉　(2) 说好　(3) 故事　(4) 前后　(5) 纪念　(6) 关心　(7) 救　(8) 伤心

7. 用括号里的词或句式把下面的句子翻译成中文：

(1) 今天我们家来了一个特殊的客人。

(2) 我进去一看，沙发上坐着一个挺漂亮的姑娘。

(3) 前面开过来一辆汽车。

(4) 桌子上放着一台电脑。

(5) 许仙被躺在床上的白蛇吓坏了。

练习三

1. 听力理解：

对话 A   (1) A   (2) A

对话 B   (1) B   (2) A

对话 C   (1) B   (2) C

短文   (1) B   (2) C   (3) A   (4) B

3. 阅读理解：

(1) F   (2) T   (3) F   (4) T   (5) T

Unit 9   夫子搬家

练习二

1. 同义词连线：

(1)—g   (2)—f   (3)—b   (4)—c   (5)—d   (6)—a   (7)—e

2. 选词填空：

"绝对／一定"：(1) 绝对／一定   (2) 一定   (3) 绝对   (4) 绝对

"给／替"：(1) 替   (2) 给   (3) 给／替   (4) 替

3. 给括号里的词选择一个合适的位置：

(1) A   (2) C   (3) C   (4) B   (5) C

4. 组词成句：

(1) 林娜让我替她买点儿苹果。

(2) 我绝对不相信她居然会这么做。

(3) 关于这件事，你还知道一些什么？

(4) 我一个星期至少要路过那个地方两次。

(5) 她好像并没有生气。

5. 根据例句改写下面的句子：

(1) 这件衣服贵是贵，但是的确很漂亮。

(2) 那个地方的东西便宜是便宜，可是"便宜没好货"。

(3) 张老师的普通话地道是地道，但是有时候说得太快了。

(4) 除了星期三，我工作日都要上课。

(5) 除了林娜，我们班都不是东方人。

6. 用所给的词填空：

(1) 绝对　(2) 居然　(3) 关于　(4) 古代　(5) 忍不住　(6) 关系　(7) 亲眼

7. 用括号里的词把下面的句子翻译成中文：

(1) 要是有好书，你替我买一本。

(2) 关于移民的事儿，你最好自己去移民局问。

(3) 她不喜欢别人跟她开玩笑。

(4) 白小红的普通话发音很标准，我应该向她学习。

(5) 根据我们了解的情况，这件事跟他一点儿关系也没有。

练习三

1. 听力理解：

　　对话 A　(1) A　(2) C

　　对话 B　(1) B　(2) B

　　对话 C　(1) A　(2) C

　　短文　　(1) C　(2) C　(3) B

3. 阅读理解：

(1) F　(2) T　(3) T　(4) F　(5) T

练习二

1. 选词填空：

(1) 随手　(2) 随便　(3) 随时　(4) 随口

2. 给括号里的词选择一个合适的位置：

(1) B　(2) A　(3) C　(4) B　(5) C

3. 组词成句：

(1) 我对考上大学有自信。

(2) 老王才四十岁就当爷爷了。

(3) 昨天晚上我饭也没吃就睡觉了。

(4) 他今年都四十多岁了。

(5) 外国人我又不是没见过。/ 我又不是没见过外国人。

4. 根据例句改写下面的句子：

(1) 他今年都 35 岁了，不年轻了。

(2) 比赛都开始半个小时了。

(3) 我昨天 12 点就睡觉了。

(4) 他们走了以后，我才走。

(5) 才 11 点，他们就来了。

5. 用所给的词填空：

(1) 都　(2) 满意　(3) 回答　(4) 成功　(5) 就　(6) 干脆　(7) 性感　(8) 庄重

6. 用括号里的词或句式把下面的句子翻译成中文：

(1) 我逛了好几家商场，好容易才买到一件适合我妈妈穿的衣服。

(2) 别犹豫了，反正你在家也没有什么事。

(3) 我都不急，你急什么呀？

(4) 我就不相信你做什么事都成功。

(5) 还不到睡觉的时候呢，现在才晚上 10 点。

(6) 她大学毕业都快半年了。

(7) 初次见面必须给人留下好印象。

(8) 我是去找工作的，不是去见男朋友的。

1. 听力理解：

　　　对话 A　(1) A　(2) A

　　　对话 B　(1) B　(2) A

　　　对话 C　(1) C　(2) A

　　　短文　　(1) B　(2) B　(3) B

3. 阅读理解：

(1) F　(2) T　(3) T　(4) F

Unit 11　有借有还

练习二

1. 选词填空：

"主要 / 重要"：(1) 主要　(2) 重要　(3) 重要 / 主要　(4) 主要 / 重要

"了解 / 理解"：(1) 理解　(2) 了解　(3) 了解　(4) 理解

2. 给括号里的词选择一个合适的位置：

(1) B　(2) B　(3) D　(4) B　(5) C

3. 组词成句：

(1) 你的事儿以后再说。

(2) 万一移民局不批准怎么办？

(3) 我觉得这件事并不可笑。

(4) 这不仅仅是钱的问题。

(5) 你应该好好利用这段时间。

4. 根据例句改写下面的句子：

(1) 你只有打电话告诉他们，他们才会给你送来。

(2) 只有多说，你的口语水平才会有进步。

(3) 只要认真学习，你就能学会。

(4) 只要学好了英语，你就能找到一个好工作。

(5) 万一护照丢了怎么办?

(6) 万一他拒绝了怎么办?

5.用所给的词填空:

(1) 理解 (2) 不论 (3) 挣 (4) 辛苦 (5) 即使 (6) 既然 (7) 仔细 (8) 想法

6.用括号里的关联词把下面的句子翻译成中文:

(1) 只要你敢去,我就敢去。

(2) 客人只有感到满意了,下次才会再来。

(3) 哪怕今天晚上不睡觉,我也要把作业做完。

(4) 不论是大人还是小孩儿,坐飞机都得买票。

(5) 既然不满意,你就别买。

练习三

1.听力理解:

对话 A (1) B (2) A

对话 B (1) B (2) B

对话 C (1) C (2) A

短文   (1) B (2) B (3) B (4) B

3.阅读理解:

(1) F (2) F (3) F (4) F (5) T

Unit 12 节日快乐

练习二

1.反义词连线:

(1)—c (2)—f (3)—a (4)—b (5)—g (6)—d (7)—e

2.选词填空:

"对于/关于":(1) 对于 (2) 关于 (3) 关于 (4) 对于

"对于/对":(1) 对 (2) 对于／对 (3) 对 (4) 对

3. 给括号里的词选择一个合适的位置：

(1) B　(2) C　(3) C　(4) C　(5) B

4. 组词成句：

(1) 就连最好的朋友也不相信他了。

(2) 他的话使人听了很不舒服。

(3) 10 万其实算不上大数目。

(4) 总是吃也没什么意思。

(5) 我今天来主要是想了解情况。

5. 根据例句改写下面的句子：

(1) 学习对于学生来说是主要的任务。

(2) 这点儿钱对于我来说算不上什么。

(3) 幸福在他看来就是能和自己喜欢的人结婚。

(4) 东方人的很多想法在西方人看来都是很奇怪的。

(5) 节日在老板们看来只是一个赚钱的好机会。

6. 用所给的词填空：

(1) 传统　(2) 好奇　(3) 浪漫　(4) 贵重　(5) 方式　(6) 流行　(7) 五颜六色

7. 用括号里的词或句式把下面的句子翻译成中文：

(1) 对于年轻人来说，情人节是最浪漫的节日。

(2) 在孩子们看来，世界上真的有一个圣诞老人。

(3) 等了半天，他们也没来。于是我就一个人去了。

(4) 送给母亲的一般都是些小礼物，比如丝巾、花等等。

(5) 节日快来的时候，很多人都要去买礼物。这样一来，商店的老板们就高兴了。

练习三

1. 听力理解：

对话 A　(1) B　(2) C

对话 B　(1) A　(2) B

对话 C　(1) B　(2) A

短文　　(1) C　(2) C　(3) A　(4) C

3. 阅读理解：

(1) F　(2) T　(3) F　(4) F

责任编辑：刘小琳
英文编辑：吴爱俊　韩芙芸
封面设计：Daniel Gutierrez

图书在版编目（CIP）数据

《当代中文》练习册 . 3：汉英对照 / 吴中伟主编 . —修订版 . —北京：华语教学出版社，
2015

　　ISBN 978-7-5138-0736-4

　　Ⅰ．①当… Ⅱ．①吴… Ⅲ．①汉语 – 对外汉语教学 – 习题集 Ⅳ．① H195.4

　　中国版本图书馆 CIP 数据核字 (2014) 第 154999 号

《当代中文》修订版
练习册
3
吴中伟　主编
*

© 孔子学院总部 / 国家汉办
华语教学出版社有限责任公司出版
（中国北京百万庄大街 24 号　邮政编码 100037）
电话 : (86)10-68320585, 68997826
传真 : (86)10-68997826, 68326333
网址 : www.sinolingua.com.cn
电子信箱 : hyjx@sinolingua.com.cn
新浪微博地址：http://weibo.com/sinolinguavip
北京京华虎彩印刷有限公司印刷
2003 年（16 开）第 1 版
2015 年（16 开）修订版
2018 年修订版第 3 次印刷
（汉英）
ISBN 978-7-5138-0736-4
定价：29.00 元